ASSOCIATION ALIMENTAIRE

DE LA VILLE DE GRENOBLE,

FONDÉE LE 5 JANVIER 1851.

—

DOCUMENTS COMPLETS

RELATIFS

A SA FONDATION,

A SON ORGANISATION ET A SES RÉSULTATS,

Publiés le 31 mars 1854.

GRENOBLE,

IMPRIMERIE MAISONVILLE, RUE DU PALAIS.

—

1854.

EXTRAIT

DU

REGISTRE DES DÉLIBÉRATIONS DE LA COMMISSION ADMINIS-
TRATIVE.

—

4 Février 1854.

—

..... Attendu que l'inventaire des opérations de l'Association alimentaire à la fin de l'année 1853 constate un chiffre d'*économies* assez important;

Qu'il y a lieu dès lors de se conformer à l'art. 15 des statuts, qui prescrit d'employer ces économies, non pas seulement dans l'intérêt de l'Association, mais encore dans un intérêt philanthropique;

Qu'en raison des bienfaits produits à Grenoble par la création de l'Association alimentaire, sous le rapport matériel et plus encore sous le rapport moral, il est du devoir de la commission de porter à la connaissance de tous, les moyens employés à la fondation de l'œuvre, son organisation et les résultats qu'elle a produits;

La Commission administrative, à l'unanimité, décide :

1° Les statuts et le règlement de l'Association seront imprimés et publiés.

2° Il y sera joint un extrait d'un rapport destiné à la Société de statistique de l'Isère par M. C. Blandin, l'un de ses membres, rapport renfermant les plus grands détails sur l'Association alimentaire.

3° Il y sera joint également un Mémoire adressé à l'Empereur par M. Taulier, avocat, ancien maire de Grenoble, et contenant sur l'Association des renseignements destinés à en faire ressortir les avantages.

Pour copie conforme :

Le Président,
L. PENET.

Le Secrétaire,
C. BLANDIN.

—●—

ADRESSE.

Monsieur

Monsieur le Président de l'Association alimentaire,
rue de la Citadelle,

à Grenoble (Isère).

DOCUMENTS

COMPLETS

RELATIFS A

L'ASSOCIATION ALIMENTAIRE

DE GRENOBLE (ISÈRE).

STATUTS FONDAMENTAUX

DE L'ASSOCIATION

Votés par l'Assemblée générale des Sociétaires.

Considérant que l'Association alimentaire, fondée il y a un an et demi, avait reçu de la ville de Grenoble divers encouragements ; qu'ainsi un local gratuit avait été mis provisoirement à sa disposition ; que la caisse municipale devait faire l'avance des frais de premier établissement et supporter le déficit qui aurait été constaté après un certain temps d'essai ;

Considérant que, désormais, l'association paie à la ville de Grenoble un prix de location déterminé par un bail régulier ; que l'association s'est créé des ressources pour faire face aux frais de premier établissement, et que l'engagement de la ville, relatif à l'éventualité d'un déficit, est devenu inutile ;

Considérant, en conséquence, que l'association alimentaire ne relevant plus que d'elle-même et du droit commun, il y a lieu de mettre ses statuts en harmonie avec ce nouvel état de choses ;

Par ces motifs, les associés, réunis en assemblée générale, ont arrêté les statuts suivants :

Art. 1er. L'association alimentaire de la ville de Grenoble est une réunion de personnes ayant le droit de venir acheter, au moyen de jetons acquis d'avance, les aliments préparés dans une cuisine commune, soit pour les emporter à leur domicile, soit pour les consommer dans des réfectoires mis à leur disposition.

Art. 2. L'association se compose de souscripteurs qui paient 1 fr. ou 2 fr. par an, selon qu'ils veulent emporter à domicile les aliments préparés dans la cuisine commune ou les consommer dans l'établissement (1).

Art. 3. Une carte constatant la souscription est délivrée à chaque associé, dont elle porte le nom. Une carte prise dans le cours de l'année coûte 1 fr. ou 2 fr., comme si elle eût été prise le 1er janvier, et elle n'est valable que jusqu'au 31 décembre de la même année.

Art. 4. L'association est administrée par une commission de quinze membres, savoir : un président, un vice-président, un secrétaire et douze administrateurs.

Cette commission est élue par l'assemblée générale des sociétaires, à la majorité relative des voix.

Toutes les fonctions de la commission administrative sont essentiellement gratuites.

(1) Le prix des cartes a été réduit plus tard à 25 c. ou à 1 fr.

La présence de huit membres au moins est nécessaire pour que la commission puisse valablement délibérer.

La commission choisit elle-même dans son sein le président, le vice-président et le secrétaire.

Elle se renouvelle chaque année par moitié. Les membres sortants sont rééligibles.

Art. 5. Cette commission choisit parmi les associés un certain nombre de commissaires qui, chaque jour et à tour de rôle, sont chargés de la surveillance de l'établissement et de la réception des jetons aux guichets.

Art. 6. Au président de la commission administrative appartiennent toutes les affaires de l'association. A lui sont adressées toutes les demandes et les réclamations. Il convoque la commission toutes les fois qu'il le juge utile; il se charge de veiller à l'exécution des décisions prises. Il ne peut convoquer d'assemblée générale sans l'avis préalable de la commission même.

Le vice-président remplace le président dans toutes ses attributions, en cas d'empêchement de ce dernier.

Le secrétaire assiste à toutes les réunions; il procède aux convocations et rédige tous les procès-verbaux.

Art. 7. L'association a, en outre, des employés salariés. La commission les nomme et les révoque; elle détermine leur salaire. Ces employés sont :

Un commissaire général, un économe, un agent comptable, un chef de cuisine, un aide-cuisinier, un concierge, un ou plusieurs employés subalternes.

Le commissaire général et l'agent comptable doivent fournir un cautionnement.

Art. 8. Le commissaire général est le représentant de la commission; il en fait exécuter les délibérations. Il exerce une surveillance permanente sur tous les services et peut suspendre les employés en cas d'urgence.

Le président est chargé de tenir ou de faire tenir, sous sa responsabilité, la comptabilité de l'association. Le commissaire général tient seulement la caisse. A ce titre, il est responsable des fonds dont il est dépositaire.

Art. 9. L'agent comptable reçoit du commissaire général un certain nombre de jetons qu'il vend comptant à tout associé qui désire en acheter.

Il tient un livre d'entrée et un livre de sortie des jetons, et rend compte au commissaire général du produit de ces jetons dont il est responsable.

Art. 10. L'économe fait les achats et approvisionnements nécessaires, après avoir consulté le commissaire général, qui en réfère, s'il y a lieu, à la commission administrative.

Pour les fournitures de viande et de pain, il est passé un marché par bail au rabais avec un boucher et un boulanger, conformément à un cahier des charges qui est dressé par la commission, sauf dérogation exceptionnelle, délibérée par la commission dans l'intérêt de l'association.

Art. 11. Nul n'est admis à acheter les jetons délivrés au guichet de l'agent comptable s'il n'exhibe une carte d'associé à 1 fr. ou à 2 fr.

Pour obtenir au guichet extérieur les aliments destinés à être emportés à domicile, il suffit de donner les jetons correspondant aux rations demandées, sans avoir à exhiber de carte.

Nul associé n'est admis dans les réfectoires de l'établissement s'il n'exhibe une carte à 2 fr. Les commissaires de service peuvent seuls tolérer des exceptions à cette règle en faveur d'étrangers de passage.

Art. 12. Il ne peut être délivré au guichet intérieur, pour être consommé dans les réfectoires, plus d'un demi-litre de vin par personne.

Art. 13. Un associé est admis à consommer dans l'établissement le pain qu'il apporte avec lui.

Art. 14. Tout associé qui trouble l'ordre dans l'établissement, de quelque manière que ce soit, peut être exclu immédiatement par les commissaires de service ; il peut être déchu de son titre d'associé par délibération de la commission.

Art. 15. Chaque associé est responsable, pour sa part, des engagements de l'association.

Nul associé ne peut réclamer de dividende. Toutes les économies qui sont réalisées par l'association sont tenues en réserve pour être employées dans l'intérêt de l'établissement ou dans un intérêt philanthropique, après délibération prise par la commission administrative et approuvée par les commissaires de surveillance réunis en assemblée générale.

Toutefois, et même dans l'intervalle d'un inventaire à l'autre, la commission administrative peut disposer, à quelque titre que ce soit, d'une somme n'excédant pas *cinq cents francs*.

Art. 16. L'associé qui ne renouvelle pas sa carte perd son titre d'associé.

Art. 17. En cas de dissolution de l'association, l'assemblée générale des sociétaires décide quel doit être l'emploi de l'actif social.

Art. 18. Tous les six mois, les associés sont convoqués en assemblée générale pour entendre un exposé des opérations de l'association et de sa situation.

Art. 19. Nulle proposition ne pourra être discutée dans une assemblée générale des sociétaires, sans avoir été soumise au moins huit jours d'avance à la commission administrative, qui la portera à l'ordre du jour de l'assemblée générale.

Art. 20. Tous les détails d'administration seront réunis pour former le *règlement définitif*, dont la rédaction reste à la charge de la commission administrative.

Grenoble, le 11 juillet 1852.

RÈGLEMENT DÉTAILLÉ

—

Vu l'art. 20 des statuts généraux de l'Association alimentaire, ainsi conçu : « Tous les détails de l'administration seront réunis pour former le règlement définitif dont la rédaction reste à la charge de la commission administrative. »

La commission administrative a adopté le règlement suivant, destiné à faire connaître dans ses moindres parties la constitution de l'Association alimentaire, et à préciser les règles de détail selon lesquelles elle se dirige.

ARTICLE PREMIER.

Les jetons de l'Association alimentaire sont de six espèces : *pain, vin, soupe, viande, légumes, dessert.*

Les jetons portent d'un côté les armes de la ville de Grenoble, avec cet exergue : *Association alimentaire;* et de l'autre côté, le nom de la denrée qu'ils représentent. *(Voir la planche ci-jointe.)*

ART. 2.

Les denrées délivrées par l'Association alimentaire, en échange de jetons, ont été ainsi déterminées et tarifées dans le principe :

1° Une soupe (un litre), 10 centimes ;

2° Viande, environ 130 grammes, ou environ 200 grammes de poisson sec et cuit, 20 centimes ;

3° Légumes (une bonne assiettée), 10 centimes ;

4° Vin, 1/4 de litre, 07 cent. 1/2 (1) ;

5° Pain, 132 grammes environ, 05 centimes ;

(1) Le prix du vin a été momentanément augmenté, à cause de la cherté exceptionnelle de ce liquide.

6° Dessert, 10 centimes.

Le sociétaire est obligé d'acheter deux jetons de vin à la fois, sauf à n'en consommer qu'un seul.

Art. 3.

Les délivrances de rations aux guichets extérieur et intérieur ont lieu, le matin, de sept heures à neuf heures, puis de onze heures à deux heures, et, le soir, de six heures à huit heures et demie. Le matin il n'est délivré que de la soupe, du pain, du vin et du dessert.

Art. 4.

Deux tableaux donnant l'énumération des mets préparés pour chaque repas sont placés, l'un dans la cour d'entrée de l'établissement, et l'autre près du guichet intérieur.

Art. 5.

Les jours maigres, il est préparé une quantité d'aliments maigres, suffisante pour répondre au désir des sociétaires qui ne veulent pas d'aliments d'une autre nature.

Art. 6.

Le commissaire général est le directeur de l'Association, sous la haute autorité du président, et sauf les droits réservés par les statuts à la commission administrative, à l'assemblée des commissaires de surveillance, et à l'assemblée générale des sociétaires.

Art. 7.

Le commissaire-directeur doit s'inspirer de cette idée que ses devoirs ne se mesurent pas sur son traitement, que son traitement est moins un salaire qu'une indemnité, et que sa plus précieuse récompense est dans le bien qu'il fait, en coopérant d'une manière efficace au succès d'une grande œuvre.

Art. 8.

Le commissaire-directeur doit se rendre tous les matins à l'établissement, afin de donner les ordres que comporte le service de la journée.

Art. 9.

Un local convenable devant être incessamment disposé dans l'établissement, le commissaire-directeur devra s'y installer chaque jour, depuis onze heures jusqu'à deux heures, sauf les absences qui seront provoquées par les besoins extérieurs du service. En outre, le commissaire-directeur devra faire le soir une inspection à l'établissement, à des intervalles aussi rapprochés que possible.

Art. 10.

Le commissaire-directeur, tenant la caisse, en vertu de l'art. 8 des statuts, solde les mandats délivrés sur lui par le président, d'après les factures ou les notes que le président reçoit de l'économe. Il doit communiquer ses livres au président, ainsi qu'à la commission administrative, chaque fois qu'il en est requis.

Art. 11.

Le commissaire-directeur doit avoir les yeux constamment ouverts sur tous les services, sur tous les employés, s'assurer de la fidélité de ces derniers, et de la moralité de leur conduite tant au dedans qu'au dehors de l'établissement. Il doit signaler au président et à la commission toute faute des employés, alors même qu'elle ne lui aurait pas paru de nature à motiver la suspension que l'art. 8 des statuts lui donne le droit de prononcer.

Art. 12.

Dans chaque réunion mensuelle de la commission administrative, le commissaire-directeur présentera un aperçu général et sommaire sur la situation de l'Association pour le temps qui se sera écoulé d'une réunion à l'autre. En outre, il rendra compte des visites faites à l'Association par des étrangers ou des citoyens notables de la ville de Grenoble, des éloges ou des critiques qu'il aura recueillis, des incidents survenus dans le service, des observations qui auront pu lui être adressées par des sociétaires ou autres, de manière à tenir la commission au courant du mouvement moral de l'œuvre.

Art. 13.

Tous les six mois, la commission administrative désigne l'un de ses membres pour remplacer gratuitement le commissaire-directeur, en cas de maladie, ou en cas de congé donné par le président.

Art. 14.

L'économe, puis l'agent comptable, prennent rang après le commissaire-directeur; viennent ensuite le chef de cuisine, l'aide de cuisine, le concierge et les employés subalternes.

Art. 15.

L'économe doit apporter la plus grande sévérité dans le contrôle des livraisons de denrées. Toute discussion entre l'économe et un fournisseur, relative à la qualité, au nombre, à la mesure ou au poids d'une denrée apportée à l'établissement, est tranchée par le commissaire-directeur, qui, du reste, est naturellement tenu d'exercer une surveillance générale sur la réception des approvisionnements et sur les soins donnés à leur conservation. L'économe est tenu de soumettre ses notes et carnets provisoires à l'examen du commissaire-directeur, quand il en est requis.

Art. 16.

La fonction des commissaires de surveillance étant toute de dévouement, ces commissaires, lorsqu'ils sont de service, doivent être l'objet de la plus grande déférence. Leur droit et leur devoir sont de surveiller et de conseiller; ils ont particulièrement à s'enquérir auprès des sociétaires de la qualité des aliments.

Art. 17.

Les commissaires de surveillance sont de service une fois par mois. Chacun d'eux, en cas d'empêchement, devra se faire remplacer par un de ses collègues. Le commissaire qui aurait abandonné son service deux fois de suite, sans se conformer à cette obligation, sera considéré comme démissionnaire et remplacé par la commission administrative, en vertu des pouvoirs que lui donne l'art. 5 des statuts, sauf toutefois à la commission la faculté d'admettre les excuses qui lui paraîtraient valables.

Art. 18.

Chaque jour, trois commissaires de surveillance sont de service aux heures des repas. L'un est placé au guichet extérieur, l'autre au guichet intérieur, pour recevoir les jetons des sociétaires, assister à la délivrance des aliments et veiller à ce qu'elle se fasse avec ordre, convenance et propreté. Le troisième est plus particulièrement chargé, de concert avec le commissaire-directeur, lorsque celui-ci sera présent, de la surveillance générale des réfectoires et notamment de la surveillance du guichet de distribution du *pain*, du *vin* et des *desserts*. Une surveillance spéciale devra s'exercer dans le réfectoire dit *réfectoire des femmes*, où il importe de ne laisser pénétrer que des femmes seules, ou des femmes accompagnées de leurs parents ou alliés.

Art. 19.

L'agent-comptable doit être rendu à son guichet avec une rigoureuse exactitude, aux heures fixées pour les repas.

Il ne doit vendre des jetons qu'au comptant.

Art. 20.

Après chaque repas, les jetons, versés dans de grandes boîtes à six compartiments, sont comptés par les commissaires de service et par l'économe. Il est tenu note du résultat partiel de chaque repas, et le soir, le résultat général de la journée est consigné sur un registre et signé par les commissaires de service et par l'économe. Les jetons trouvés dans les boîtes sont placés par nombre de 50 dans d'autres petites boîtes de fer-blanc, et remis à l'agent-comptable.

Le commissaire-directeur inscrit sur son livre, à la page *Entrée*, la totalité des jetons reçus dans la journée, et à la page *Sortie*, ceux qui ont été livrés à l'agent-comptable.

L'agent-comptable, à son tour, inscrit sur son livre, à la page *Entrée*, les jetons qu'il reçoit chaque soir, et à la page *Sortie*, ceux qu'il a vendus le lendemain.

Le livre de l'agent-comptable fait ainsi connaître, jour par jour, le nombre et l'espèce des jetons vendus, et le livre du commissaire-directeur fait également connaître, jour par jour, le nombre et l'espèce des jetons consommés; par le nombre et l'espèce on connaît la valeur en argent. L'agent-comptable doit représenter en nature la différence entre le nombre des jetons *entrés* et le nombre des jetons *sortis*. Si les jetons entrés sont insuffisants pour la vente, l'agent-comptable réclame un supplément au commissaire-directeur.

L'agent-comptable verse chaque jour entre les mains de celui-ci le produit des jetons vendus.

Art. 21.

Il est tenu, à l'Association alimentaire, un registre sur lequel les commissaires de service doivent consigner leurs observations de la journée. Ce registre sera consulté, chaque jour, par le commissaire-directeur, qui, en cas d'urgence, devra immédiatement en référer au président. Ce même registre sera présenté à la commission administrative dans chacune de ses séances.

Art. 22.

Un tronc, dont le président et le vice-président ont seuls la clef, est placé dans l'un des réfectoires. Tout sociétaire peut y déposer des observations écrites et signées.

Ce tronc sera ouvert en présence de la commission administrative dans chacune de ses séances.

Art. 23.

Tout membre de la commission administrative a le droit individuel de visiter l'établissement quand bon lui semble, non pour donner des ordres, mais seulement à titre d'inspection, et sauf à rendre compte de ses impressions à la commission administrative régulièrement assemblée.

ART. 24.

Les sociétaires doivent s'abstenir dans les réfectoires de toute conversation bruyante. Leur maintien doit être convenable et réservé. Il leur est recommandé de ne pas amener de chiens dans l'établissement. Toutefois, il n'est pas défendu d'amener un seul chien, que le sociétaire devra tenir à l'attache près de lui. Il est interdit de fumer dans aucune partie de l'établissement, même dans la cour d'entrée.

ART. 25.

Les sociétaires qui viennent réclamer des aliments au guichet extérieur, pour les emporter à domicile, doivent être munis de la vaisselle nécessaire pour contenir ces aliments. Ceux qui ont le droit de prendre leur repas dans les réfectoires, trouvent sur chaque table *assiettes*, *cuillers*, *fourchettes*, *couteaux*, *verres*, *carafe*, *sel*, *poivre*, *vinaigre* et *moutarde*.

Ils doivent se rappeler qu'en principe ils sont obligés de prendre eux-mêmes leurs aliments au guichet intérieur de distribution. Les garçons de salle ne sont tenus qu'à garnir et à dégarnir les tables.

ART. 26.

Nul sociétaire ne peut consommer dans les réfectoires plus d'un demi-litre de vin par repas. Cette disposition de l'art. 12 des statuts est de stricte rigueur.

Conformément à l'art. 13 des statuts, un sociétaire peut consommer dans l'établissement le pain qu'il apporte avec lui, mais il est expressément défendu d'y apporter toute autre denrée.

ART. 27.

Les sociétaires sont admis à se munir de serviettes, qu'ils peuvent déposer dans un casier préparé à cet effet.

ʹArt. 28.

Il est expressément défendu à tout employé d'emporter ou
vendre des os, graisses, eaux grasses, restes quelconques,
sans l'autorisation formelle du commissaire-directeur.

Art. 29.

Le concierge est chargé, sous sa responsabilité, par le
commissaire-directeur, de délivrer les cartes, d'en percevoir
le prix, de tenir le registre des sociétaires ; il remet au commissaire-directeur le montant des cartes délivrées ; il doit veiller à ce que des sociétaires seuls se présentent au guichet de
l'agent comptable pour acheter des jetons, et, pour cela, il
peut demander à toute personne l'exhibition de sa carte. Il
doit également veiller, à l'aide du même moyen, à ce que
les personnes qui ont seulement le droit de se présenter au
guichet extérieur, ne s'introduisent pas dans les réfectoires.
Il ne doit pas quitter pendant les heures de repas la loge qui
lui est assignée à l'entrée de l'établissement.

Art. 30.

Il est recommandé au concierge et aux employés subalternes
de ne jamais s'écarter des habitudes d'une scrupuleuse décence;
de s'abstenir de tout bruit, de tout jurement, de toute plai-
santerie libre. Les employés subalternes ne doivent pas séjour-
ner dans les salles ; ils ne doivent y pénétrer que pour les
besoins de leur service.

Art. 31.

Toute discussion politique et religieuse est interdite dans
l'établissement. Il est défendu d'y apposer aucune affiche de
quelque nature que ce soit, d'y faire circuler aucun prospec-
tus, aucune liste de souscription, aucune pétition, à moins
qu'il ne s'agisse d'une liste ou d'une pétition relative à l'association elle-même, et qu'à cet égard, le président n'ait délivré une permission écrite. Il est également défendu d'apporter
dans les réfectoires aucun journal ou brochure politiques.

Art. 32.

Tout règlement antérieur au présent est abrogé.

Grenoble, le 27 janvier 1854.

Les membres de la commission :

> PENET, ancien négociant, *président;* Fréd. TAU-
> LIER, avocat, ancien maire de Grenoble, *vice-
> président;* C. BLANDIN, ingénieur civil, *secré-
> taire;* DURAND, négociant; Auguste FARGONET,
> receveur de l'hospice; GIRARD, limonadier;
> HAUQUELIN, directeur de l'école professionnelle;
> LEBORGNE, négociant; MICHAL-LADICHÈRE,
> avocat; François NAVIZET, négociant; RIVIER,
> juge au tribunal; SESTIER, conseiller à la
> cour; THEVENET, négociant.

EXTRAITS

d'un

RAPPORT LU A LA SOCIÉTÉ DE STATISTIQUE DE L'ISÈRE,

DANS SA SÉANCE DU 25 FÉVRIER 1854,

PAR M. C. BLANDIN FILS,

Secrétaire de l'Association alimentaire, et membre de la société de Statistique.

. . . .

Pour continuer, Messieurs, ces nobles traditions de charité fraternelle, de prévoyante sollicitude, notre ville a étendu plus loin encore la mise en pratique de ce principe de l'association, en s'attachant non-seulement au soulagement des souffrances présentes, mais à l'amélioration progressive, dans l'avenir, de ses enfants déshérités.

Parmi ces créations récentes, je citerai l'*Association alimentaire*, institution dont les résultats admirables, aujourd'hui constatés par trois années d'expérience, sont venus démontrer aux yeux de tous combien étaient irréfléchies et puériles les critiques acerbes dont elle fut l'objet à son début; combien fut grande et déplorable l'erreur de ceux qui s'attachèrent à jeter sur les pas de ses fondateurs les difficultés sans nombre dont ils ont si heureusement triomphé.

Afin de rendre justice à tout le monde, permettez-moi, messieurs, de vous lire quelques lignes d'un journal de la localité, qui vous feront connaître le point de départ de l'Association alimentaire : ce sera, du reste, l'occasion de témoigner une fois de plus notre reconnaissance à l'administrateur et au conseil municipal à qui nous devons la fondation d'une œuvre si belle et si fertile pour l'avenir :

« Nous publions (1) * aujourd'hui les renseignements qui nous parviennent sur l'*Association alimentaire* de Genève. Il ne s'agit point ici de rêveries chimériques, ce sont des faits. La théorie a pris un corps et doit être jugée par ses actes. Aussi nous bornons-nous à raconter.

« Le but de cette association est de procurer aux travailleurs de toutes les professions une nourriture saine, abondante et à bas prix. L'idée première appartient tout entière aux ouvriers de Genève. Placés dans une situation critique, par suite de l'absence du travail et de la réduction considérable des salaires, ils imaginèrent de se cotiser pour avoir une table commune. A peine fondée, cette petite société, qui se composait d'une soixantaine de membres, et qui avait pour toute ressource *un capital de soixante francs*, reçut quelques dons qui la mirent en mesure de fonctionner d'une manière utile. Une ancienne caserne, qui avait servi à la distribution des soupes économiques, fut mise à sa disposition par la municipalité, avec les fourneaux et les ustensiles qu'elle contenait encore. L'administration alla plus loin : elle fit don à la société d'une valeur

* Voir aux Notes, page 80.

de 600 fr. en bois et en sel. Mais, plus tard, les sociétaires renoncèrent volontairement à ce secours. Ils le firent pour prouver victorieusement aux adversaires du principe d'association (il y en a dans tous les pays) que l'entreprise pouvait parfaitement se soutenir et prospérer par elle-même.

« Les opérations commencèrent. Le plan des fondateurs s'était considérablement agrandi. Il ne s'agissait plus seulement d'une table commune, mais bien d'une association achetant les denrées en gros et directement, les préparant par grandes quantités et les livrant aux sociétaires presque au prix de revient.

« Après des difficultés nombreuses, suite nécessaire et forcée de tout début, la marche de la société s'affermit, son crédit prit de l'extension : bientôt elle put fonctionner sans entraves, et aujourd'hui elle rend à la classe ouvrière de Genève des services dont la portée est incalculable (2). »

Suivaient quelques indications recueillies à Genève même sur la marche, la discipline intérieure et les résultats généraux de l'association.

Peu de temps après, M. Taulier, maire de Grenoble, vivement préoccupé du désir de fonder dans notre ville un établissement semblable, en vue surtout du bien-être, de l'économie et de la moralisation qui devaient en résulter pour les classes laborieuses dont il s'est occupé toujours avec tant de sollicitude, M. Taulier, dis-je, après avoir recueilli, par correspondance, de nouveaux renseignements, proposa au conseil municipal, dans sa séance du 9 juillet 1850, de créer une Association alimentaire sur le principe de celle de Genève.

Le conseil municipal, s'associant avec empressement à cette pensée généreuse, choisit immédiatement dans son sein une commission (3) pour étudier cette affaire. Le 29 juillet, le conseil municipal, adoptant les conclusions du rapport présenté par M. Taulier au nom de la commission, prit la délibération suivante :

« Il sera créé, sur l'initiative et par les soins de l'administration municipale, une *société alimentaire* ayant les bases
précédemment exposées. Les agents de cette société seront
nommés par le maire sur une présentation faite par le comité
de l'administration de la société. Le maire pourra les révoquer
après avoir pris l'avis dudit comité. La *société alimentaire*
sera installée dans les locaux ci-dessus décrits. Si des avances
lui sont nécessaires, elles lui seront faites par la caisse municipale. M. le maire est autorisé à faire le plus tôt possible un
voyage à Genève, afin d'étudier par lui-même tous les détails
d'organisation de la société alimentaire de cette ville, et de
rendre ainsi plus facile et plus prompte l'organisation projetée
à Grenoble. »

Le 2 août, M. Taulier partit pour Genève. De retour à Grenoble le 12, il rendit compte de son voyage, le 14, au conseil
municipal assemblé; et, après avoir communiqué tous les
renseignements qu'il avait recueillis, il termina en disant :

« Voici, Messieurs, comment j'entends procéder pour la
création de la société. Vous savez que les commissaires généraux et les commissaires générales de nos sociétés de bienfaisance mutuelle (4) ont déjà revendiqué le titre de sociétaires. Je ne doute pas que les membres du conseil municipal ne
suivent tous cet exemple. Le noyau de la société étant ainsi
formé, ce noyau nommera un président et un trésorier provisoires. Il sera ouvert chez le trésorier un registre d'inscription.
Quand les sociétaires inscrits auront atteint le chiffre de 300,
ils nommeront, en assemblée générale, un comité d'administration de 13 membres. Ce comité nommera, dans son sein, le
président et le trésorier définitifs. Le comité procédera alors
aux premiers achats de denrées et il rédigera le règlement
détaillé de l'association. Sur la présentation du comité, le
maire, qui sera de droit président honoraire de la société, en
nommera les agents salariés. Dès cet instant, la société pourra

fonctionner, et je puis vous affirmer, Messieurs, que nos locaux, qui seront supérieurs à ceux de Genève, seront entièrement prêts dès le 15 novembre prochain au plus tard.

« Maintenant, Messieurs, c'est un devoir pour moi d'exprimer ici toute ma reconnaissance envers les membres du conseil administratif de Genève et envers le président de la société alimentaire. J'ai l'honneur de vous proposer de leur voter des remerciements pour l'accueil plein d'obligeance, d'empressement et de courtoisie qu'ils ont fait au maire de la ville de Grenoble. »

Le conseil municipal vota à l'unanimité les remerciements proposés par M. le maire ; il vota également des remerciements à M. Taulier lui-même, pour la communication qu'il venait de faire, et les membres du conseil se firent tous inscrire comme membres de la société nouvelle.

Quelques jours après, des affiches apposées par les soins de M. le. Maire apprirent aux citoyens de Grenoble ce qui avait été fait jusqu'alors, ainsi que la nature, le but et les bienfaits espérés de l'Association alimentaire ; les commissaires de toutes les sociétés de bienfaisance, appelés à l'Hôtel de Ville, reçurent également communication, par M. le maire, des bases de l'institution nouvelle et s'inscrivirent tous sur le registre des souscripteurs.

Le 27 novembre, le nombre des signataires atteignant déjà le chiffre de 824, M. Taulier les convoqua en assemblée générale à l'Hôtel de Ville. Après de nouvelles explications, les souscripteurs procédèrent à la nomination du comité d'administration, et une liste de trente-un citoyens fut, sur la présentation de M. le maire, acceptée par acclamation (5).

Le 4 décembre suivant, sous la présidence de M. Taulier, le comité d'administration s'occupa de la rédaction d'un règlement et arrêta les bases définitives d'après lesquelles devait fonctionner désormais l'Association.

Le 11 décembre, sur la proposition de M. le maire, le conseil municipal, heureux d'aider, autant qu'il était en son pouvoir, à la stabilité, à la durée de l'Association alimentaire, décida à l'unanimité :

« 1° Que s'il vient une époque où la société alimentaire, fondée à Grenoble, soit en perte, la caisse municipale fera face au déficit, sauf au conseil municipal à inviter alors la société à se dissoudre ou à déclarer que si elle continue à fonctionner, ce sera à ses risques et périls;

« 2° Que toutes les économies qui pourront être réalisées par la société seront conservées en caisse, pour être employées, dans des années de disette et de cherté des vivres, à maintenir les rations à un prix aussi bas que possible, c'est-à-dire autant que possible au-dessous des prix de revient;

« 3° Que l'engagement pris ci-dessus par le conseil municipal est subordonné à l'accomplissement de cette condition. »

Enfin, le 5 janvier 1851, tout étant prêt pour l'inauguration, les souscripteurs furent convoqués au premier repas qui allait consacrer ainsi, sous une forme nouvelle, ce principe de fraternité si bien compris de notre intelligente population, et l'article suivant, que j'extrais d'un journal de Grenoble, disait le lendemain les espérances que cette réunion promettait pour l'avenir :

« C'est avant-hier dimanche qu'a eu lieu l'inauguration de l'*Association alimentaire*, inauguration simple, sans bruit, sans pompe officielle, mais digne d'admiration pour ceux qui voient plus avec le cœur qu'avec les yeux, et qui jugent avec un esprit dégagé de toutes préventions, de toutes préoccupations politiques.

« Le nombre des convives avait été arrêté à l'avance : la liste se composait du conseil municipal, de la commission administrative de l'*Association*, des présidents et présidentes des sociétés de bienfaisance mutuelle, et de divers invités appartenant aux sociétés.

« En tout , deux cent vingt personnes environ ont pris place aux tables dressées dans les deux grands réfectoires contigus de l'*Association*.

« On avait calculé la quantité de places disponibles ; elles ont été toutes occupées sans qu'on ait été obligé de renvoyer personne. En un mot, du commencement à la fin, l'ordre matériel le plus complet n'a cessé de régner tant au dedans qu'au dehors des salles.

« Mais c'est moins cet ordre matériel qui nous a touchés que cet ordre moral, sans lequel l'autre est peu de chose, qui dominait notre fraternelle réunion. Là, point de manifestation bruyante, point de ces joies éclatantes, symptôme d'une excitation du cerveau plus que de la satisfaction du cœur; mais, en revanche, sur tous les visages, cette sérénité ouverte qui traduit à tous les yeux l'approbation la plus marquée et la plus vive sympathie.

« Quel spectacle, d'ailleurs, que celui de cette réunion où se trouvaient à la fois de hauts fonctionnaires et d'estimables ouvriers, les chefs élus des sociétés d'hommes et les dames qui président aux sociétés de femmes ! Et entre tous les convives, il y avait échange de prévenances et d'appréciations, d'approbations pour le présent et d'espérances pour l'avenir ; et c'était plus que de la politesse : pour nous, il nous semblait qu'un véritable sentiment religieux animait ces longues files de convives, et chacun nous paraissait parfaitement comprendre qu'il était moins là pour dîner que pour s'associer à une œuvre dont il n'est pas plus difficile de saisir la portée morale que d'entrevoir les résultats matériels.

« Aussi quand M. le maire, dans son discours, où il a, d'une manière aussi simple qu'heureuse, fait comprendre le but de l'association, après avoir parlé de nos sociétés de bienfaisance que la cité montre avec orgueil à la France qui les envie, a dit qu'un jour viendrait où Grenoble pourrait s'enorgueillir également de son association alimentaire et de notre féconde initiative, nous avons recueilli partout la manifestation non équivoque de la plus complète adhésion.

« M. le maire a parlé seul : cela avait été convenu ainsi. Parmi les convives, il nous a été dit que beaucoup auraient voulu qu'on répondît à M. le maire par un toast en son honneur et en celui du conseil municipal, mais devant la règle tracée à l'avance au sein de la commission administrative et qu'on se transmettait de bouche en bouche, il n'y a pas eu le moindre essai de transgression, tant est puissante, au milieu de notre admirable population, l'idée d'ordre ; tant on y comprend et on y pratique bien le respect de l'autorité. »

(Extrait du Patriote des Alpes du 7 janvier 1851.)

Allocution de M. Fréd. Taulier, maire.

« Messieurs,

« Dans cette réunion simple et modeste, qui a un caractère « tout fraternel, nous inaugurons la Société alimentaire.

« Cette institution est la mise en œuvre d'un principe large « et fécond.

« L'isolement représente l'impuissance ; la force résulte de « l'association.

« Les aliments préparés dans notre cuisine ne seront pas « seulement livrés à un prix minime, ils se feront surtout « remarquer par leur qualité et leur propreté parfaites. L'asso- « cié pourra les emporter à domicile, ou les consommer dans « ces réfectoires spacieux, bien aérés, bien éclairés, et dont « la dignité sévère commande le respect.

« Libérée d'un souci importun, la femme de l'associé con- « sacrera plus de temps à ses enfants et aux occupations des- « tinées à accroître les ressources du ménage. C'est l'émanci- « pation de la femme, non au profit de l'oisiveté, mais au « profit du travail.

« Une nourriture saine et substantielle influera nécessaire-
« ment sur le bien-être des consommateurs.

« Le bien-être produit le contentement; le contentement
« apaise cette envie instinctive qui, procédant de la souf-
« france, engendre le désordre dans les idées et conduit au
« désordre dans les faits.

« J'ai entendu dire que la Société alimentaire contrariait la
« loi du mariage. Erreur étrange ! L'homme ne prend pas une
« femme pour trouver en elle une cuisinière; il se marie pour
« jouir des affections les plus pures, les plus douces, et pour
« revivre dans ses enfants. L'homme aimera d'autant mieux
« la famille, qu'elle sera plus exempte de ces nécessités ma-
« térielles qui en diminuent les joies morales.

« J'ai ouï dire aussi que la Société alimentaire, en rendant
« le rôle de la femme moins utile, tendait à restreindre son
« influence. C'est une autre erreur. L'influence de la femme
« grandira à mesure que celle-ci parviendra à une position
« plus libre, plus digne et plus relevée.

« Maintenant, Messieurs, je vais plus loin. Je crois que
« nous fondons aujourd'hui toute une révolution, révolution
« pacifique, et qui s'accomplira au profit de la santé générale.

« Certaines industries qui préparent l'alimentation d'un
« grand nombre de personnes seront désormais stimulées par
« une large concurrence. Elles sortiront de leur funeste apa-
« thie. Elles augmenteront les quantités, amélioreront les
« qualités et baisseront les prix.

« La consommation s'accroîtra par ces conditions meilleures.
« Un tel résultat sera une conquête pour tous.

« Serait-il vrai, Messieurs, que nous fassions aujourd'hui
« du socialisme? Tout ce que je sais, c'est que nous faisons
« une bonne chose. Il y a des mots dont on abuse. Qu'importe
« la forme, si le fond est sans reproche? Que de gens a ef-
« frayés le mot de libéralisme ! Qui oserait dire aujourd'hui
« qu'il n'est pas libéral? L'homme sage marche droit à son

« but; il se confie au temps, qui est un grand maître, et à la
« divine Providence, qui mène les choses de ce monde et sait
« bien distinguer entre les théories praticables et l'antique
« folie de certains rêves.

« J'avoue que notre institution est neuve. La nouveauté ren-
« contre des esprits timides et incrédules. Respectons tous les
« doutes, et, cependant, plaignons les partisans de l'immo-
« bilité.

« La liberté que l'on comprime éclate en explosions vio-
« lentes; le progrès que l'on contrarie s'installe par la
« tempête.

« Ce ne sont point là de vaines paroles, c'est de l'histoire
« trop méconnue.

« La première société de bienfaisance mutuelle fut fondée à
« Grenoble il y a un demi-siècle. J'ai vu des vieillards qui
« n'ont pas oublié qu'elle eut ses détracteurs. Aujourd'hui,
« les sociétés de bienfaisance mutuelle sont au nombre de
« trente, et Grenoble peut les montrer avec un légitime or-
« gueil au reste de la France qui les admire.

« Il était réservé à cette noble cité de donner aussi le pre-
« mier exemple d'une Société alimentaire. Un jour viendra
« où elle ne sera pas moins bénie pour cette conception géné-
« reuse. Du reste, la Société alimentaire a été comprise dès
« son apparition, et qu'il me soit permis de remercier ici tous
« ceux qui, sans vouloir en profiter directement, lui ont
« prêté un concours empressé et un appui sympathique.

« Je porte un toast, Messieurs, au succès, à la propagation
« de la Société alimentaire, à l'union des citoyens, à la pros-
« périté de notre chère ville de Grenoble. »

Malgré l'enthousiasme qui se produisit alors à Grenoble et
la sympathie avec laquelle l'Association alimentaire fut adoptée, quelques esprits chagrins ou découragés, ne se rendant
pas compte du principe fécond de l'Association même, ne pou-

vant ni en comprendre la grandeur ni en prévoir les résultats, voulurent combattre l'institution nouvelle; le grief le plus fort qu'ils purent trouver consistait dans le tort qu'allaient éprouver les aubergistes et les marchands de vin en détail. Permettez-moi à ce propos de mettre sous vos yeux une lettre publiée par un honnête ouvrier (6) qui, au moment des plus vives attaques produites contre l'Association alimentaire, prit, en son nom et en celui de ses cosociétaires, la défense de l'établissement dont il avait déjà pu apprécier les bienfaits.

« Je viens dire aussi ce que je pense et ce que pensent mes amis, ouvriers comme moi, de l'institution contre laquelle M. X. a déployé ces jours derniers toutes les ressources de son éloquence. Vos lecteurs excuseront les imperfections de langage qui pourront se rencontrer dans cette lettre, en considérant qu'en semblable matière l'expérience et le bon sens doivent avoir le pas sur l'art de bien dire.

« M. X. s'élève, dans sa première lettre, contre ce qu'il lui plait d'appeler la guerre *déloyale* faite aux débitants de comestibles par l'association alimentaire; selon lui, l'association payant les denrées aussi cher que les débitants, ne peut donner les aliments à meilleur marché : donc, ajoute-t-il, *les pauvres* ne trouveront dans la création de cet établissement aucun bénéfice, et dans ses deux lettres, M. X. nous répète si souvent ce mot *pauvres,* que vraiment il semble avoir pris à tâche de nous faire sentir plus vivement notre pauvreté. On a déjà répondu à l'argument tiré du prix des denrées. Passons.

« M. X. nous dit qu'à l'association alimentaire il faut 60 ou 65 c. pour faire un modeste repas, et qu'un ouvrier ne peut nourrir à ce prix sa femme et ses enfants. Je réponds d'abord que si une famille entière d'ouvriers ne peut venir dépenser à l'association 60 ou 65 c. par tête, elle peut se procurer à bon marché, au guichet, et cela quand il lui plait, les mets à sa convenance ; ceci est déjà un grand point, si l'on considère en outre que les aliments fournis par l'association seront toujours sains et bien préparés ; ensuite, je dirai à M. X. que dans une masse de ménages, l'homme et la femme vont chacun à leur journée et sont obligés de vivre hors de leur domicile : or, ceux-là préféreront évidemment l'association alimentaire à la gargote ; enfin, je ne sais où M. X. a pris que chaque repas devait coûter 60 ou 65 c. Il est, sans doute, des appétits exceptionnels, et on en a connu qui étaient la terreur des gargotiers, mais il ne faut pas prendre l'exception pour la règle : ils sont infiniment rares, ceux dont l'estomac exige, pour être satisfait, 4 onces et demie de viande, un potage copieux, une forte assiettée de légumes, une assiettée de dessert, 165 grammes de pain et un demi-litre de vin. Nous ne sommes pas des Gargantuas.

« Puisque M. X. ne sait pas comment les ouvriers vivent à l'association alimentaire, je vais tâcher de le lui apprendre par un exemple que je tire de ma propre expérience.

« Le matin, je prends une soupe, 10 c.; 1/4 de vin, 7 c. 1/2. — A dîner : une ration de viande, 20 c.; 1/4 de vin, 7 c. 1/2; une ration de pain, 5 c. — A souper : un potage, 10 c.; 1/4 de vin, 7 c. 1/2. — Et je me trouve très-bien nourri, et mes compagnons vivent de même et sont très-contents. Ceux qui ont un plus fort appétit ajoutent à ce menu, au dîner seulement, un dessert et cinq centimes de pain. Le total de la journée se réduit donc aux chiffres suivants :

Déjeuner....................	17c. 50
Dîner.......................	40 50
Souper	17 50
Soit, par jour..........	75 1/2

« J'ai vécu, monsieur, avec une nourriture bien inférieure en quantité et en qualité, pendant trois ans, au prix de 40 fr. par mois !

« M. X. doit voir par là qu'il ne faut pas crier si haut que l'association n'est point accessible aux ouvriers gagnant peu ; il doit voir, au contraire, que l'ouvrier le moins rétribué peut encore y trouver une notable économie.— Et je ne parle pas de la qualité des aliments qui est toujours excellente, de la propreté du service, de l'ordre, de la décence qui règnent là au plus haut degré, toutes choses qu'on est bien loin de rencontrer dans les gargotes si chaudement défendues par M. X., sortes de tabagies où la fumée, les paroles grossières, les gestes inconvenants, les disputes, l'ivrognerie se donnent libre carrière, et font naître dans l'âme de l'ouvrier honnête, forcé de fréquenter ces lieux, un insurmontable dégoût.

« Je le répète, monsieur, nous sommes très-heureux de la nouvelle position qui nous est faite par l'association alimentaire, et tous tant que nous sommes, nous saurons la défendre, en lui apportant notre concours et notre assiduité, contre les attaques passionnées ou irréfléchies dont elle pourra être l'objet. Quant à moi, je ne suis point au nombre des heureux qui gagnent 5 fr., 4 fr. ou même 3 fr. par jour : ma santé ne me permet pas d'aller au-delà de 2 fr. 25 à 2 fr. 50 lorsque j'ai du travail, et cependant je ne voudrais jamais d'autre restaurant que la société alimentaire, parce que, encore une fois, là se trouvent réunies toutes les conditions qui constituent une nourriture saine, abondante et à bas prix.

« Et combien d'ouvriers sont dans ma situation et partagent mon sentiment !

« M. X. craint une révolution de ménagères, une émeute en jupons... Il daigne, toutefois, nous rassurer en invoquant l'argument suprême de l'état de siége. C'est plaisanter avec une finesse et un à-propos dont je ne puis être juge, vu mon peu d'éducation. Je crois, cependant, que le bon sens de la population grenobloise rendra l'état de siége aussi inutile en cette matière qu'il l'a été en tant d'autres. En effet, si les femmes ont souvent raison de se plaindre quand leurs maris désertent le domicile conjugal pour aller vivre ailleurs, c'est que jusqu'ici ils avaient l'habitude de se rendre dans les gargotes si fort vantées par M. X. Là, ils se livraient à des excès qui épuisaient leur bourse et leur santé, tandis qu'à l'association ils devront se contenter du nécessaire. Les ménagères ne se plaindront certainement pas d'un changement dont elles n'ont qu'à se féliciter sous tous les rapports.

« Car, il faut bien le dire, M. X., dans la chaleur de sa plaidoirie en faveur de ces intéressants gargotiers, oublie, involontairement sans doute, le côté moral de la question. Qu'il me soit permis de l'y ramener.

« J'ai vécu pendant 25 ans dans les gargotes des principales villes de France : je puis donc en parler sciemment. Qu'y ai-je vu? Tous les jours, sans exception, le jeu, l'ivrognerie, les obscénités, les querelles, et, bon gré, mal gré, il m'a fallu subir tout cela. Où serais-je allé? n'était-ce pas partout de même? Aussi ai-je remarqué que ces sortes d'établissements donnent plus de besogne à la police que toutes les autres industries ensemble. Eh bien! je le dis hautement : quand l'association alimentaire n'aurait ici d'autre résultat que de faire disparaître de nos mœurs ce triste spectacle, tous les hommes animés du désir de moraliser la population ouvrière devraient rendre grâces à l'administration.

« Encore si, à défaut de moralité, l'ouvrier trouvait dans ces établissements une bonne nourriture! Mais il n'en est point ainsi. En général, ce n'est pas par le confortable que brillent les gargotes : les locaux sont rarement disposés pour ce genre d'industrie, les cuisines exhalent une odeur fatigante, les légumes sont mal choisis et mal lavés, les viandes, en été surtout, ne sont pas fraîches. C'est à la gargote que vont *le lendemain* les viandes que le boucher n'a pu vendre *la veille*. — Les tables n'y sont pas lavées deux fois par an ; habituellement les gens qui font le service ne se distinguent point par un grand soin de leur personne, et la malpropreté de leur tenue, jointe aux nombreuses causes de dégoût que je viens de signaler, forme un ensemble qui, s'il n'a pas pour effet d'ouvrir l'appétit, a du moins l'avantage incontestable de soulever le cœur.

« Et ce sont là les établissements que M. X. voudrait laisser sans concurrence! On voit bien qu'il ne les a jamais fréquentés.

« Oui, l'association alimentaire doit vivre, et, n'en déplaise à ses détracteurs, elle vivra. Je n'en veux pour preuve que la satisfaction chaque jour exprimée sur son compte en ma présence par ses nombreux habitués. Je n'en veux pour preuve encore que l'empressement avec lequel nos camarades viennent se joindre à nous aussitôt qu'ils ont pu liquider l'arriéré de leurs pensions chez les gargotiers. Vienne la belle saison, et avec elle la reprise du travail, et chacun pouvant alors acquitter sa petite dette, se hâtera de sortir d'un régime malsain et ruineux de toutes les façons, pour faire partie de l'institution fraternelle où l'ouvrier doit trouver à la fois la paix de la conscience et la santé du corps.

« Quoi de plus admirablement entendu pour l'ouvrier honnête, laborieux et économe, que cette faculté de convertir en jetons tout l'argent de sa quinzaine! Combien d'occasions de dépense évitées parce que l'on n'aura plus que des jetons! L'ouvrier peut, d'ailleurs, trouver là une véritable caisse d'épargne, et le procédé est fort simple : On prend chaque fois un nombre de jetons plus considérable que celui nécessaire pour arriver à la paie prochaine; à chaque paie on se fait ainsi une réserve qui s'accumule progressivement et devient une ressource précieuse pour le moment où l'ouvrage manquera.

« Voilà, monsieur le rédacteur, ce que je tenais à dire pour l'édification des hommes qui, comme M. X., ne savent combattre les idées d'amélioration pratique que par cette formule désolante : *Il n'y a rien à faire!* J'ai entendu raconter qu'un philosophe devant lequel on niait le mouvement se mit à marcher pour toute réponse : le principe de l'association aussi marchera, et l'application large et féconde qui vient d'en être faite à Grenoble par une administration intelligente et dévouée, restera comme la meilleure réfutation qui puisse être opposée aux adversaires de tout progrès.

« Agréez, etc.

« Désiré FINOT,
« ouvrier imprimeur. »

A la fin de février, après un inventaire qui devait rassurer sur l'avenir, la commission administrative délibéra : qu'en raison des attaques sans fondement auxquelles avait servi de prétexte le vote du conseil municipal relativement au paiement du mobilier garanti par lui, il y avait lieu d'essayer de se passer du bienveillant concours de la ville en ayant recours à un emprunt. En conséquence, il fut émis 1,500 actions (au porteur) de 5 fr. chacune, ne devant pas porter intérêt et dont le produit fut affecté au paiement du mobilier, qui servit ainsi de garantie aux prêteurs jusqu'au remboursement complet qui put avoir lieu l'année suivante.

Toutes les espérances qu'on fondait alors sur l'avenir de l'association se sont réalisées depuis; de nombreuses correspondances, des articles de journaux (entre autres : de Marseille, de Rennes, d'Orléans, de Lyon, de Clermont, etc.), ont constaté ses progrès, applaudi à son principe et à ses succès; l'*Illustration*, le *Siècle*, la *Presse*, l'*Univers*, etc., ont fait ressortir les bienfaits de cette fondation.

De tous les points de la France sont arrivées à l'administration des demandes de renseignements; des étrangers ayant visité l'établissement ont publié partout les heureux résultats de l'institution nouvelle (7), et tout fait espérer que bientôt nos grandes villes surtout se mettront à l'œuvre pour l'appliquer à l'amélioration de leurs populations ouvrières.

C'est en effet, vous le savez, messieurs, dans nos villes manufacturières que l'association alimentaire est destinée à produire d'immenses améliorations. Là, les ouvriers, après avoir passé la journée dans des ateliers insalubres, manquant la plupart de toute ventilation, n'ont souvent qu'un réduit obscur ou des chambrées infectes pour se reposer des fatigues de la journée, heureux encore quand ils ne sont pas obligés, comme à Lille, de vivre dans des caves humides et malsaines; c'est donc dans les localités où la population dégénère chaque jour, ainsi que l'établissent avec une vérité douloureuse les registres de la conscription, c'est là qu'il faut procurer aux classes laborieuses une alimentation saine, abondante, à bon marché, afin de commencer leur régénération matérielle, d'où découleront forcément la moralisation, l'intelligence, le bien-être. Ce qu'a dit Rousseau de la culture des terres est vrai encore pour la culture de l'homme; mieux cultivé, il rendra davantage en produits; cette surabondance des produits augmentera la richesse de la nation qui grandira en force, en dignité et en puissance, de toute l'énergie, de toute la vigueur qu'elle aura développées chez ses enfants.

Qui sait s'il n'existe pas déjà quelques tentatives faites dans ce sens ! Peut-être y a-t-il en France ou ailleurs quelque chose de mieux encore que ce que Grenoble a pu faire ! Quoi qu'il en soit, messieurs, je vous demanderai d'autoriser l'insertion dans votre *Bulletin* de l'esquisse imparfaite que j'ai l'honneur de vous présenter, par cette raison que l'idée féconde des associations de Grenoble, et surtout de l'association alimentaire, ne peut se propager que par la publication des moyens employés lors de la fondation et des résultats obtenus depuis cette époque. L'exemple que vous donnerez ainsi ne sera pas perdu, vous le savez; d'autres innovations, des résultats isolés surgiront bientôt à leur tour; leur publication viendra augmenter le nombre des connaissances acquises et servir, pour ainsi dire, de jalons dans la voie de progrès où s'avance si lentement encore l'humanité.

Permettez-moi de vous citer un exemple de l'utilité de ces

communications imprimées. En 1851, ayant appris indirecte-
ment que des filateurs, près de Lille, avaient réalisé depuis
quelque temps déjà dans leurs ateliers des améliorations matérielles et morales, surtout par l'application du principe d'association entre leurs ouvriers, j'écrivis immédiatement aux directeurs, MM. Scrive frères, filateurs à Marquette, et en leur
demandant les détails de l'organisation de leurs ateliers, je
leur envoyai les premiers imprimés publiés par l'association
alimentaire. Je ne reçus de réponse que deux mois après ;
mais ce temps avait été mis à profit, ainsi que vous en jugerez
par ces quelques lignes de leur lettre :

« J'ai lu avec beaucoup d'intérêt les divers documents que
vous avez été assez bon pour me faire passer.

« Si j'ai tardé si longtemps à vous faire parvenir les renseignements que vous me demandiez sur mon établissement de
Marquette, c'est parce que je n'avais jamais songé à y donner
de la publicité ; je ne m'y suis décidé, Monsieur, qu'à la lecture
de vos diverses notes. Vous recevrez donc par la poste une
notice sur la situation de nos ouvriers, heureux si elle peut
vous être de quelque utilité. »

Je reçus effectivement une brochure dont j'extrais les quelques détails suivants :

L'établissement de tissage mécanique de Marquette compte
environ 350 ouvriers, et se compose :

1° De maisons spéciales pouvant contenir 200 personnes, et
où la location d'une chambre coûte par semaine 60 centimes ;

2° Une caisse de secours alimentée par des retenues hebdo-
madaires de 10 cent., par les amendes et par les retenues faites
pour malfaçons ;

3° Des réfectoires (8) et des dortoirs communs où la plus
forte somme que puisse dépenser un ouvrier robuste et fort
mangeur ne dépasse pas par semaine, pour la nourriture 4 fr.,
pour le logement 55 cent. ;

4° Une boulangerie à pétrin mécanique, où le pain de première qualité coûte toujours 3 à 4 cent. de moins par kilog. que la taxe ordinaire ; le pétrin est celui de M. Boland ;

5° Des bains gratuits, dont l'eau chaude provient de la machine de l'atelier ;

6° Une école gratuite où les enfants des deux sexes vont tous les jours pendant une heure recevoir l'instruction que leur donne un employé de la fabrique.

— De plus, MM. Scrive ont institué des fêtes et des prix de retraites. Chaque année a lieu, le premier dimanche de juillet, la fête de l'établissement, pendant laquelle on distribue des prix aux ouvriers qui ont le mieux et le plus travaillé dans le cours de l'année. En outre, les directeurs de l'établissement versent annuellement une somme destinée à former une caisse de retraites et de pensions en faveur de ceux que l'âge ou des infirmités empêcheraient d'accomplir un travail suffisant pour subvenir à leur existence, à la condition toutefois qu'ils auront au moins 30 années consécutives de service dans la manufacture. Dans ce cas, le retraité a la faculté de choisir entre une pension de 300 fr. et une rente de 150 fr., avec l'assurance du logement et de la nourriture s'il reste dans l'établissement.

J'ai cru devoir joindre ici ce court résumé, assuré de l'intérêt avec lequel vous accueillerez ces détails sur l'organisation admirable que MM. Scrive frères ont su créer dans leurs ateliers. D'ailleurs, il est utile de faire connaître ces efforts de citoyens dévoués qui, tout en travaillant pour eux, savent faire participer au bien-être qu'ils ont acquis ceux qu'ils ont su intéresser à leur prospérité : car en proposant ainsi aux gens de bien un noble exemple à suivre, on attire sur ceux qui l'ont donné l'estime publique, c'est-à-dire la plus douce récompense que puisse ambitionner un cœur généreux, après la satisfaction du devoir accompli (9).

Afin de compléter ces renseignements, je crois devoir vous lire les paroles prononcées par M. Taulier, lors de la dernière

assemblée générale ; vous pourrez ainsi, en les comparant à
celles qu'il dit au banquet d'inauguration, apprécier le point
de départ et le point d'arrivée, et juger si les fondateurs
avaient trop présumé de l'avenir.

ALLOCUTION

PRONONCÉE PAR M. TAULIER,

Ancien Maire de Grenoble,

Vice-président de l'Association alimentaire, dans l'assemblée générale des sociétaires,
du 5 février 1854.

    « MESSIEURS,

« Je viens, non point vous faire un discours, mais vous
« parler en termes très-simples de la situation morale de notre
« œuvre et vous entretenir de divers incidents qui s'y rattachent.

« Dans le principe, vous le savez, l'Association alimentaire
« a été attaquée, vivement critiquée, et même accablée de
« dédains et de sarcasmes. Depuis lors, elle a fait bien du
« chemin et singulièrement grandi dans l'opinion de tous.

« J'ai reçu de diverses villes de France un grand nombre de
« lettres exprimant pour elle de vives sympathies ; plusieurs
« articles de journaux ont signalé à l'attention publique nos
« efforts et nos résultats ; enfin, de continuelles visites faites
« par des étrangers de distinction sont venues témoigner encore
« du sentiment d'intérêt que nous inspirons au loin.

« Félicitons-nous aujourd'hui de voir M. le maire assister à
« cette réunion, et remercions-le avec empressement. Rendons
« à M. le préfet (10) des actions de grâces toutes particulières.
« M. le préfet nous a quelque temps ignorés ; mais, un jour,
« une circonstance imprévue me mit dans le cas de lui faire
« connaître notre organisation dans tous ses détails, et, aus-
« sitôt, avec une spontanéité de cœur qui l'honore, il se
« déclara notre partisan et notre protecteur. Plusieurs fois il
« est venu dans nos réfectoires s'asseoir à ces tables modestes,

« nous donnant ainsi une nouvelle preuve de sa parfaite
« bienveillance.

« Au mois de septembre dernier, **M.** le général Carrelet,
« sénateur, s'est rendu à Grenoble en mission extraordinaire.
« **M.** le préfet l'a conduit à notre établissement qu'il a visité
« avec le soin le plus minutieux, et d'où il s'est retiré plein
« d'étonnement et de satisfaction. Il m'a fait demander une
« note, mais j'ai pensé qu'il était difficile de faire une simple
« note sur une œuvre aussi vaste et aussi pleine de magnifi-
« cences morales. J'ai donc rédigé un mémoire complet adressé
« à l'empereur lui-même. **M.** le général Carrelet s'est chargé
« de le remettre à Sa Majesté. **M.** le ministre de l'intérieur,
« saisi de ce mémoire, a demandé un rapport à **M.** le préfet.
« Un rapport favorable ne s'est pas fait attendre, et tout doit
« nous porter à croire que, grâce à l'impulsion venue d'en
« haut, nous trouverons plus facilement ailleurs de géné-
« reuses et utiles imitations.

« Au mois d'octobre, **M.** Vaïsse, conseiller d'état, chargé
« de l'administration du département du Rhône, est égale-
« ment venu nous visiter. Plus heureux encore que **M.** le
« général Carrelet, il a vu dans nos réfectoires leurs convives
« habituels, qui, à son entrée, se sont tous levés avec em-
« pressement. **M.** Vaïsse a été très-touché de cette marque de
« déférence et de respect, et il a pu se convaincre que vérita-
« blement notre population ne ressemble à aucune autre. Il
« s'est fait initier à nos statuts, à nos règlements, et il a ex-
« primé en termes chaleureux tout le contentement qu'il
« éprouvait.

« Bientôt, **M.** le président va vous exposer notre situation
« matérielle. Nous avons en caisse 7,000 fr. d'économies
« nettes. En présence d'un tel chiffre, votre commission
« administrative a voté une somme de 1,000 fr. au profit des
« pauvres de Grenoble. Ce vote, qui d'après nos statuts
« devait être soumis aux commissaires de surveillance, a

« obtenu dans leur assemblée d'hier une approbation una-
« nime. Si je vous en rends compte aujourd'hui, ce n'est
« point pour solliciter votre adhésion officielle, qui n'est pas
« nécessaire, mais pour obtenir votre assentiment moral et
« pour vous convier à mêler vos joies à nos joies, vos fiertés à
« nos légitimes fiertés. Nous avons voulu, Messieurs, faire une
« éclatante manifestation, nous avons voulu prouver que nous
« avons vécu, que nous vivons et que nous vivrons. Au som-
« met de l'édifice, depuis longtemps achevé, nous avons voulu
« planter un drapeau sur lequel on lise : « Fraternité et cha-
« rité ! » La population tout entière applaudira à cette noble
« devise. Après cela, nous n'avons pas entendu engager l'ave-
« nir : A nouveau fait, nouvean conseil.

« La somme de 1,000 fr. sera ainsi répartie :
« 200 fr. au bureau de charité,
« 100 fr. à l'extinction de la mendicité,
« 100 fr. au patronage des jeunes apprentis (11),
« 50 fr. à l'établissement des orphelines,
« 50 fr. à l'établissement de Saint-Joseph,
« 500 fr. aux sociétés de bienfaisance mutuelle.

« Cette dernière somme de 500 fr. n'est pas destinée à entrer
« dans la caisse des sociétés. Elle sera distribuée aux prési-
« dents et aux présidentes, afin qu'ils nous servent d'intermé-
« diaires et la fassent parvenir à des familles qui ne sont point
« dans le cas d'être secourues par les sociétés mêmes aux-
« quelles elles appartiennent, qui peuvent encore moins
« s'adresser au bureau de charité, et qui, pendant un hiver
« provoquant tant de misères exceptionnelles, sont vouées
« aux tortures d'un fatal et inexorable secret. L'Association
« alimentaire ira donc porter sa carte de visite chez une foule
« de malheureux, qui vous devront, Messieurs, de douces
« et précieuses larmes de consolation.

« Et voyez quelle est la puissance de l'association sagement
« conçue, sagement organisée ! Vous n'êtes pas une réunion

« de riches, et, cependant, grâce à votre communauté d'efforts,
« vous offrez le spectacle d'une pauvreté relative secourant
« une autre pauvreté plus grande ! N'avais-je pas le droit de
« dire tout à l'heure que nous pouvons être heureux et fiers ?

« Une pétition a été remise à votre commission adminis-
« trative. Cette pétition, signée par un certain nombre d'entre
« vous, réclame la suppression du faible traitement alloué au
« commissaire-directeur. Votre commission a été unanime
« pour penser que la suppression du traitement serait la sup-
« pression de l'emploi. En effet, un employé non salarié ne
« donne que ce qu'il veut bien donner. Comment, d'ailleurs, le
« soumettre à une responsabilité sérieuse ? Le commissaire-
« directeur doit exercer sur tous les services une surveillance
« incessante, et, en sa qualité de trésorier, il a un maniement
« de fonds annuel de plus de 100,000 fr. Les pétitionnaires ne
« se sont pas rendu compte d'une position qui commande
« d'aussi graves devoirs et implique de tels résultats. Ils re-
« gretteront certainement une démarche irréfléchie.

« Après cela, la commission administrative a considéré
« que les droits et les obligations, soit du commissaire-
« directeur, soit des commissaires de surveillance, devaient
« être très-nettement définis. L'art. 20 des statuts prescrivait
« la rédaction d'un nouveau règlement de détail. Or, ce règle-
« ment n'avait pas encore été fait. Il vient d'être délibéré par
« la commission. Désormais les statuts et le règlement lui-
« même seront affichés dans l'établissement. Ces documents
« essentiels resteront constamment exposés aux regards de
« tous les sociétaires, qui les consulteront avec fruit.

« Selon le règlement, la commission administrative prendra
« connaissance dans chacune de ses réunions des remarques
« consignées par les commissaires de service, sur le registre
« qui est à leur disposition ; la boîte où les sociétaires peuvent
« déposer eux-mêmes leurs plaintes et leurs demandes, sera
« ouverte en présence de la commission assemblée ; enfin

« celle-ci, au lieu de se réunir à des intervalles inégaux, sera
« convoquée tous les mois. A l'avenir, vous le voyez, la
« commission sera initiée, mieux encore que par le passé,
« à tous vos vœux, à tous vos besoins.

« Les statuts, le règlement, et le Mémoire dont je vous ai
« parlé, seront imprimés en une seule brochure, que nous
« offrirons aux étrangers, qui ne cessent de nous demander
« des renseignements sur notre organisation.

« Nous joindrons à cette brochure d'intéressants tableaux
« statistiques.

« Ici, Messieurs, j'ai à vous donner quelques conseils,
« quelques avertissements; cela m'est permis, ce me semble.
« Croyez-moi, ne pétitionnez plus. Une pétition colportée
« dans les réfectoires peut devenir un germe funeste de dis-
« corde, en opposant ceux qui signent à ceux qui ne signent
« pas. Nous ne sommes ni une république, ni une monarchie.
« Nous sommes un vaste ménage, une grande famille. En
« famille, on s'explique, sans avoir besoin de recourir à des
« formes solennelles et dangereuses. Si la boîte, où peuvent
« être déposées des observations individuelles, ne suffit pas,
« pourquoi n'iriez-vous pas à M. le président? Ignorez-vous la
« bonté de son cœur, la simplicité, l'affabilité de ses manières?
« Pourquoi ne viendriez-vous pas à moi dont le dévouement
« ne saurait être équivoque? Pourquoi n'iriez-vous pas aux
« membres mêmes de la commission administrative, qui, tous,
« vous ont donné des preuves de leur consciencieux intérêt?

« J'ai maintenant d'autres devoirs à remplir. Je ne pense
« pas que vous croyiez aux merveilles du hasard. L'une des
« causes de notre prospérité est certainement dans le zèle et
« la probité de nos employés. Nous leur avons voté une gra-
« tification, comme les années précédentes. Mais une récom-
« pense en argent ne peut suffire à des hommes de cœur; ils
« ambitionnent une autre monnaie. Qu'ils reçoivent donc en
« cet instant le juste tribut d'éloges qui leur appartient. Que

« toutefois ils ne s'endorment point sur leurs succès, et qu'à l'a-
« venir ils s'efforcent de faire aussi bien et même mieux encore.

« Que dirai-je des commissaires de surveillance? Leur
« dévouement tout gratuit, qui se renouvelle une fois par
« mois; le sacrifice qu'ils font de leur temps, de leurs affai-
« res, pour venir ici présider à mille détails et vous protéger
« de leur autorité morale, leur donnent droit à un sentiment
« de vive et profonde gratitude.

« La commission administrative ne m'a point conféré le
« mandat de vous parler d'elle-même, et cependant, usant à
« son égard d'une sorte de violence morale, je vous dirai que,
« très-bien secondée par M. le commissaire-directeur, elle a
« été sans cesse à la hauteur de tous ses devoirs, et que vous
« devez la remercier du fond de votre âme.

« Enfin, Messieurs, permettez-moi de constater que l'or-
« dre le plus parfait, que la plus admirable décence, n'ont
« cessé de régner dans ces réfectoires. C'est qu'en effet notre
« Association enseigne le respect de chacun pour soi-même,
« et le respect de tous pour tous.

« M. le président vous aurait dit toutes ces choses bien mieux
« que je n'ai su vous les dire moi-même. Cependant j'ai dû
« consentir à l'usurpation d'un rôle qu'il m'a imposé. Sa mo-
« destie doit vous le rendre encore plus estimable et plus cher.

« Et maintenant, Messieurs, je vous remercie de l'attention
« bienveillante que vous venez de m'accorder. Elle me prouve
« que vous ne m'avez point tout à fait oublié et que vous
« m'avez compris. »

Compte-rendu matériel du dernier semestre de 1853.

SOUSCRIPTEURS DIVERS.		CARTES PRISES.
1er semestre de 1853..	950 75	
2e — —	204 »	1,154 75

En 1852, le montant des cartes prises avait produit 1,711 fr.

Il est à remarquer que le prix des cartes a été diminué et qu'on n'a payé cette année que 1 fr. pour les cartes à l'intérieur et 25 c. pour celles à l'extérieur.

JETONS VENDUS.

1er semestre de 1853..	49,396 55 }	
2e — —	60,741 75 }	110,138 30

Le même compte, en 1852, avait produit 89,700 fr. 85 c.

Les jetons en circulation s'élèvent à 795 fr. 90 c. au 31 décembre 1853. Ce chiffre est à peu près le même qu'aux inventaires précédents.

FOURNITURES ALIMENTAIRES ET BOISSONS.

1er semestre de 1853..	59,018 65 }	
2e — —	68,299 75 }	127,318 40 (12)

Ce compte avait produit, en 1852, 106,395 fr. 30 c., de sorte qu'en 1853 notre vente s'est élevée à 20,923 fr. 10 c. de plus qu'en 1852.

Les économies brutes, pendant les deux années, ont atteint, à peu de chose près, le même chiffre de 15 p. 100 sur la somme totale de la vente.

Ce résultat, qui paraît étonnant pour l'année 1853, à cause de la cherté des denrées et boissons, s'explique principalement par ce fait que nous avons eu constamment de forts approvisionnements, en vin surtout, et que cet article, dont le prix a augmenté progressivement, a produit à la Société d'assez fortes économies, quoique cependant l'administration n'ait changé les prix que d'une manière modérée et lorsque la hausse était déjà parfaitement établie partout ailleurs.

COMBUSTIBLES ET ÉCLAIRAGE.

1er semestre de 1853..	1,489 » }	
2e — —	1,515 60 }	3,004 60

En 1852, la dépense avait été de 3,012 fr. 65 c. En 1853, la Société a profité de 34 fr. 20 c. pour sa part de bénéfice dans la Compagnie grenobloise du gaz.

FRAIS GÉNÉRAUX.

1er semestre de 1853 . .   5,150 96 }
2e   —   —   5,488 90 }   10,639 86

En 1852, les frais généraux s'étaient élevés à 9,749 fr. 55 c.

Il est à remarquer que comme nous avons complétement éteint notre compte mobilier, tous les achats qui se font pour vaisselle, etc., sont passés maintenant par *Frais généraux*, ce qui augmente ce compte d'environ 1,000 f. par an.

ACTIONS ÉMISES.

Ce compte est *créancier* de 1,135 francs qui représentent le montant de 227 actions dont les porteurs ne sont pas encore venus demander le remboursement.

FONDS DE RÉSERVE.

Ce compte se trouve actuellement créancier de 6,257 fr. 48 c.

Savoir : 2,811 51 somme portée au dernier inventaire de juin 1853.

    3,445 97   à l'inventaire de décembre 1853.
    ———————
    6,257 48

PROFITS ET PERTES.

Ce compte reste créancier, au 31 décembre 1853, de 1,400 fr. dont l'emploi a été voté par la commission, savoir : 1,000 fr. pour divers établissements charitables, et 400 fr. pour gratification aux employés, ainsi qu'il est dit dans l'exposé ci-dessus du vice-président.

Voici quelle a été la marche du compte *Profits et pertes* en 1853 :

Somme qui restait à ce compte après le paiement de l'achat

du mobilier, au 31 décembre 1852........ 1,860 76

Économies du 1ᵉʳ semestre de 1853. 1,181 96		
Vente de cartes et intérêts........ 982 05	5,796	72
Économies du 2ᵉ semestre de 1853.. 3,371 06		
Vente de cartes et intérêts........ 261 65		

7,657 48

Somme portée au compte de fonds de réserve.............................. 6,257 48

1,400 »

Sur une vente totale de 127,318 fr. 40 c., l'économie nette a été de 1,181 96 1ᵉʳ semestre.

3,371 06 2ᵉ semestre.

4,553 02 soit à peu près 3 fr. 58 c. p. 100 sur le chiffre de la vente.

Maintenant, si l'on considère que cette vente de 127,318 fr. 40 c. a présenté un mouvement de plus de 1200 mille jetons, on voit que l'économie nette est en moyenne d'un tiers de centime par jeton, et que par conséquent il suffirait d'une différence d'un demi-centime au détriment de l'établissement, soit dans le prix des jetons, soit dans les portions, pour que l'Association alimentaire, loin de produire des économies, présentât alors une perte de 2,000 francs par an.

Balances du grand livre au **31 décembre 1853**.

COMPTES DÉBITEURS.

Fournitures alimentaires et boissons....... 9,504 f. » c.

Caisse.................................... 633 33

10,137 f. 33 c.

COMPTES CRÉANCIERS.

Gaillard père et fils et Cᵉ................. 1,014 f. 85 c.

La ville de Grenoble..................... 330 »

Profits et pertes......................... 1,400 »

Fonds de réserve......................... 6,257 48

Actions émises........................... 1,135 »

10,137 f. 33 c.

Pour compléter cet exposé, j'ai l'honneur, Messieurs, de mettre sous vos yeux des documents statistiques destinés à guider, à éclairer les personnes qui désireraient fonder une association alimentaire dans le genre de celle de Grenoble. J'ai indiqué, autant qu'il m'a été possible, tous les détails dont les fondateurs de cet établissement ont dû se préoccuper lors de la création ; et grâce à l'exactitude et à l'intelligence apportées par l'économe de l'Association dans sa comptabilité, j'ai pu les réunir en joignant à la suite les divers modèles des registres et imprimés qu'il a fallu créer pour l'administration de l'établissement.

Quelques données générales me paraissant ici nécessaires, je les indiquerai sommairement.

OBSERVATIONS.

Il faut, dans la création d'un établissement d'Association alimentaire, se préoccuper surtout de la nécessité de le disposer de telle sorte qu'il ne s'y établisse point de catégories de profession entre les divers sociétaires, le principe fraternel de l'association étant essentiellement opposé à toute classification de ce genre.

Ainsi, dans les petites villes où la population peu nombreuse exigerait un emplacement moins vaste que celui indiqué dans le *Projet* ci-joint, il serait utile de n'avoir qu'un seul réfectoire pour les familles et les célibataires, disposition qui permet d'éviter toute distinction de classes ou de professions.

Nous devons à nos concitoyens de dire qu'à Grenoble, dès le premier jour, les sociétaires ont su s'élever d'eux-mêmes au-dessus de tout préjugé de ce genre ; aussi voit-on chaque jour dans les réfectoires l'étudiant et l'ouvrier, le vétéran et le prêtre, assis les uns auprès des autres, et tous se respectant entre eux dans leurs usages ou leurs coutumes différentes.

Et si l'Association alimentaire a réussi à Grenoble, c'est

grâce à ce respect de tous, entre sociétaires et employés ; c'est grâce à l'ordre et à la propreté constante du local, à la réserve et à la politesse des employés, enfin au ton général de l'établissement ; tout cela est un enseignement permanent et réciproque de tous envers tous, et c'est avec raison qu'on a pu inscrire dans les réfectoires cette devise admirable : *Aidons-nous les uns les autres*. Tous l'ont comprise, tous l'ont pratiquée, et la fraternité a amené le succès.

Local de l'Établissement.

Le plan ci-joint indique le parti qu'on a tiré des vieux bâtiments et la disposition actuelle de l'établissement de Grenoble. Les salles ont 4 mètres de hauteur et communiquent entre elles par de larges ouvertures.

Dans un projet de construction spéciale, dont j'ai cru devoir donner ici un aperçu dans la planche n° III, il est important de remarquer l'utilité de la centralisation de la surveillance et de rechercher, suivant le local, les moyens de l'obtenir autant que possible.

Fixation des rations (13).

Les rations de vin sont mesurées avec des vases-étalons. Celles de pain sont toutes pesées dans une balance ; l'habitude conduit bien vite le sommelier à les couper de poids sans tâtonnement. — Quand la ration est un peu trop forte, on enlève une ou plusieurs tranches minces qui sont de suite jetées dans une corbeille et servent pour la soupe.

Les légumes se mesurent avec une cuiller à poche choisie à cet effet, et dont la dimension varie selon les prix d'achat et la qualité de l'aliment.

La viande est la ration la plus difficile à faire. Le cuisinier en chef doit toujours la faire lui-même ; la grande habitude suffit pour l'amener à donner à ces rations le poids réglementaire.

La soupe se mesure d'un seul coup avec de grandes cuillers dont la capacité a été vérifiée.

Les desserts se font sans règles bien précises, mais de

manière à atteindre toujours à peu près une valeur de 8 c., afin d'avoir une légère marge.

Si les prix d'approvisionnement varient, les rations doivent augmenter ou diminuer en quantité, suivant ces variations; la valeur des jetons reste toujours la même.

Meubles spéciaux au service des jetons.

Boîtes à jetons. — Il y en a trois. Elles sont divisées en six compartiments formés par des tiroirs. Au-dessus de chaque tiroir, se trouve un petit entonnoir de fer-blanc portant le nom du jeton qui doit y être placé. Les tiroirs sont fermés au moyen d'une traverse et d'un cadenas dont l'économe à la clef.

Ces boîtes sont placées, l'une au guichet extérieur, l'autre au guichet intérieur, et la troisième au guichet du sommelier.

Caisse à jetons de l'agent-comptable. — Cette caisse est divisée en six compartiments correspondant aux six espèces de jetons. Elle ferme à clef.

Le trésorier a également une caisse à jetons.

Les objets mobiliers de tout l'établissement sont spécialement désignés dans l'inventaire du matériel. (Voir plus loin.)

Jetons.

Pour éviter des erreurs, les jetons diffèrent par la dimension et par la couleur, ainsi que l'indique la planche n° I où ils sont représentés en grandeur réelle.

Il en a été frappé 24,000, qui ont coûté 4 fr. 50 le cent, soit 1,080 tr., les coins et les matrices en sus (14). Ce nombre est plus que suffisant en l'état.

Ces jetons ont été frappés à Grenoble, en présence d'un membre du bureau, qui était en outre assisté d'un agent de police, et qui, après chaque journée de travail, retirait les jetons fabriqués et les coins.

Cette surveillance constante serait inutile si l'on faisait frapper les jetons dans une ville éloignée du siége de l'association.

Comptabilité.

Livre d'entrée en magasins tenu par l'économe.

(Voir le modèle page 51.)

Le journal est tenu dans la forme ordinaire, et il porte en

JETONS DE L'ASSOCIATION ALIMENTAIRE
de la ville de Grenoble.

Revers commun à tous les jetons.

PLANCHE I.

Jetons en cuivre jaune.   Jetons en cuivre rouge.

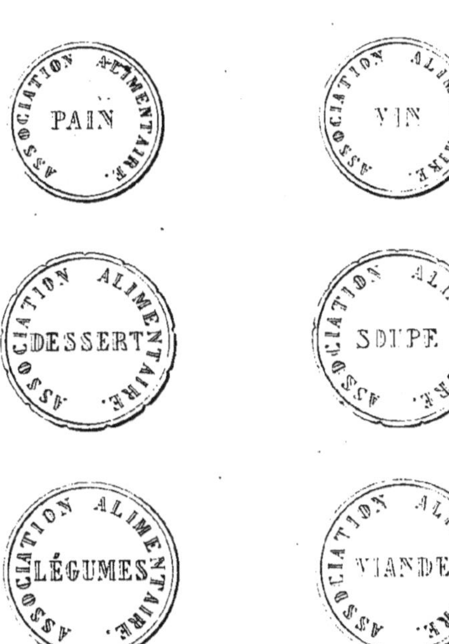

VALEUR DES JETONS.

Pain	0.05	Quantités	150 grammes.	Soupe	0.10	Quantités 3/4 de litre.
Vin	0.075	—	1/4 de litre [1]	Légumes	0.10	— assiette pleine.
Viande	0.20	—	130 grammes.	Dessert	0.10	—

[1] On ne délivre du vin que par 2 jetons,
mais on peut n'en consommer qu'un.

Cette Valeur est invariable.

Toutefois, afin de ne rien changer à la comptabilité, en cas d'augmentation ou de diminution dans le prix des denrées, les quantités seules varient.

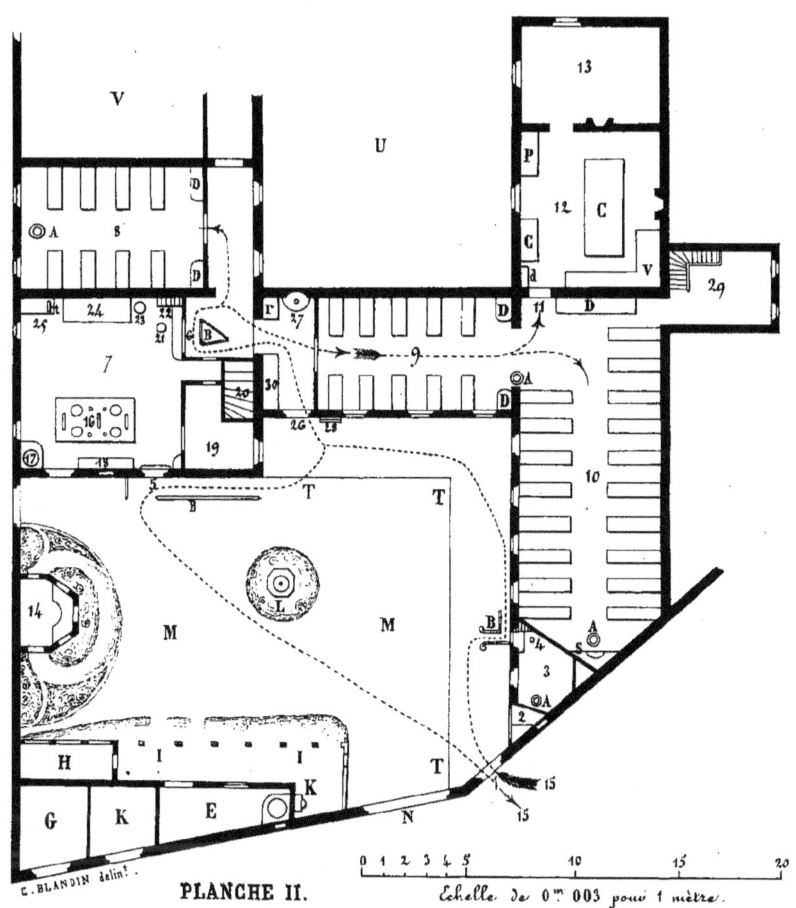

PLAN DES BÂTIMENTS DE L'ASSOCIATION ALIMENTAIRE
de la ville de Grenoble.

C. BLANDIN delint.

PLANCHE II.

Echelle de 0ᵐ 003 pour 1 mètre.

LÉGENDE.

1. Porte d'entrée.
2. Loge du concierge.
3. Bureau de l'agent-comptable.
4. Guichet de distribution des jetons.
5. Guichet de distribution des aliments pour l'extérieur.
6. Guichet de distribution des aliments pour l'intérieur.
7. Cuisine.
8. Réfectoire des femmes.
9. Réfectoire des familles.
10. Réfectoire des célibataires.
11. Guichet de distribution du pain et du vin.
12. Office.
13. Salle du conseil d'administration.
14. Pavillon du directeur.
15. Trait ➤ indiquant le trajet fait par les sociétaires pour l'intérieur ou pour l'extérieur.

16. Fourneau à deux foyers.
17. Chaudière des soupes grasses.
18. Etuve.
19. Dépense.
20. Escalier de la cave.
21. Commissaire recevant les jetons et surveillant la distribution.
22. Boîte à compartiments pour les jetons reçus.
23. Pile-sel.
24. Table des potages préparés.
25. Machine à couper le pain des soupes.
26. Entrée des réfectoires.
27. Cuvette et son réservoir. r.
28. Carte des mets de la journée.
29. Salle d'approvisionnements et logement de l'économe au-dessus.
30. Armoires à fruits.

A. Poële.
B. Barrière du Guichet.
C. Table des desserts préparés.
D. Tables de desserte.
d. Corbeille des portions de pain.
E. Souillarde.
F. Fontaine.
G. Ecurie.
H. Serre.
I.I. Portiques de verdure.
K. Bûcher.
L. Candélabre éclairant la cour.
MM. Cour d'entrée.
P. Planches à pain.
TT. Trottoirs recouverts d'une marquise.
S. Casier des serviettes.
U. Cour intérieure.
V. Réfectoires de l'école professionnelle.

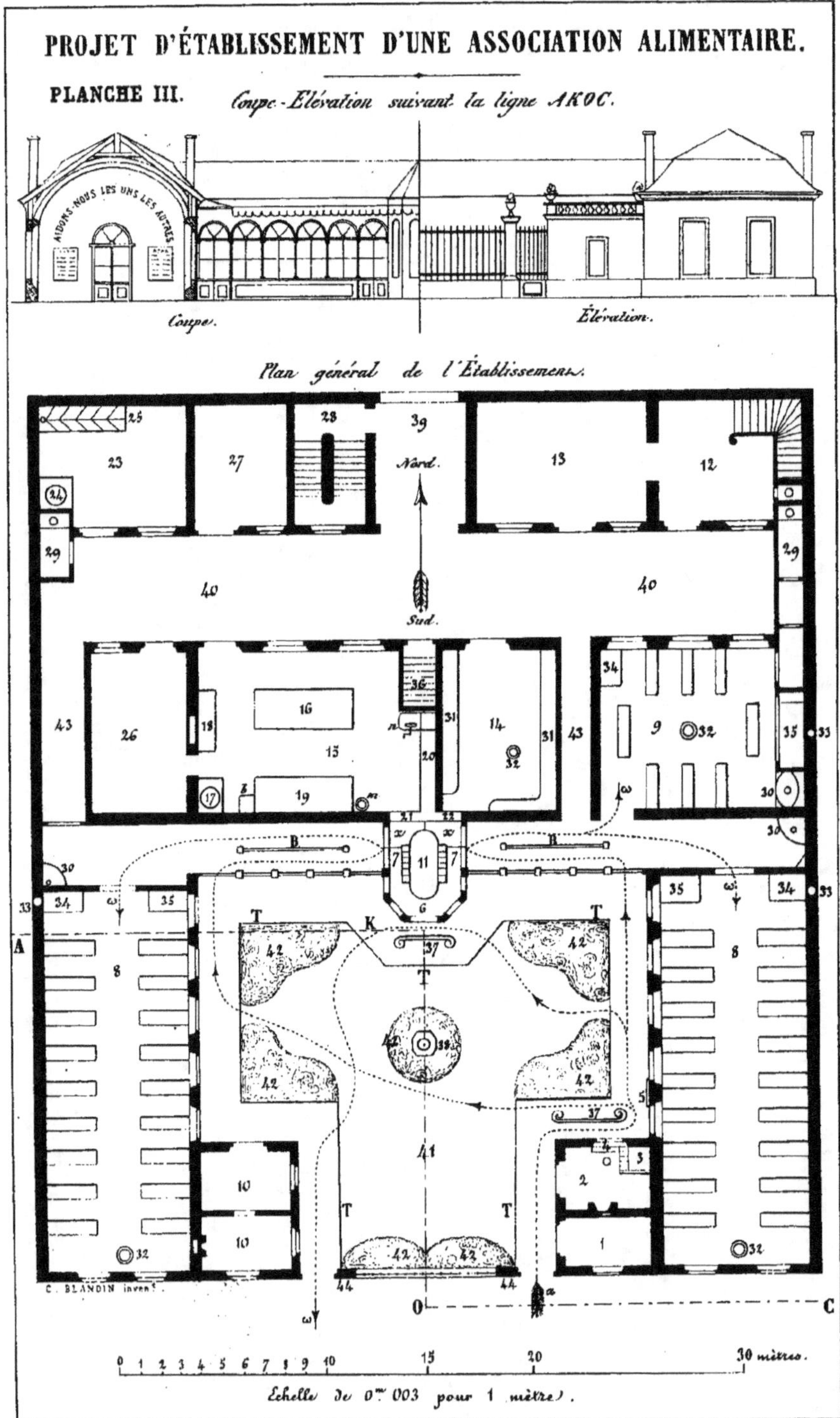

PROJET D'ÉTABLISSEMENT D'UNE ASSOCIATION ALIMENTAIRE.
PLANCHE III.
Coupe-Élévation suivant la ligne AKOC.
AIDONS-NOUS LES UNS LES AUTRES
Coupe.
Élévation.
Plan général de l'Établissement.
Nord.
Sud.
C. BLANDIN invent.
0 1 2 3 4 5 6 7 8 9 10   15   20   30 mètres.
Échelle de 0m 003 pour 1 mètre).

PROJET D'ÉTABLISSEMENT [1]

D'UNE

ASSOCIATION ALIMENTAIRE.

1. Loge du concierge ; contrôleur des cartes.
2. Bureau de l'agent-comptable.
3. Caisse des jetons.
4. Guichet de distribution des jetons.
5. Carte des mets de la journée.
6. Guichet pour la distribution des aliments à l'extérieur.
7. Guichet pour la distribution des aliments à l'intérieur.
8. Réfectoire des familles et réfectoire des célibataires.
9. Réfectoire des femmes.
10. Pavillon du commissaire-directeur.
11. Place du commissaire de surveillance (2), préposé à la réception des jetons qu'il met dans une boîte à six compartiments, placée au niveau de la planche de service. — Dans cette enceinte elliptique se tient aussi pendant le moment des repas un garçon qui fait passer aux sociétaires les rations venant de la cuisine et de l'office.
12. Bureau de l'économe et chambre en entresol.
13. Magasin de denrées et approvisionnements divers.
14. Office où se préparent les rations de pain, de vin et de dessert.
15. Cuisine { b. Billot où l'on découpe les viandes.
   m. Mortier à sel.
   n. Machine à couper le pain pour les soupes.
16. Fourneau à double foyer et à flamme renversée, dont la chaleur perdue doit être utilisée pour le chauffage d'une étuve pour les plats et les assiettes et l'aérage de la dépense.
17. Chaudière des potages gras.
18. Étuve.
19. Table des portions préparées d'avance, avec armoires au-dessous.
20. Étagères des potages et salades préparés.
21. Guichet pour le passage des potages, viandes et légumes.
22. Guichet pour le passage des desserts, pains et vins.
23. Souillarde.
24. Chaudière pour le lavage de la vaisselle, et dont le foyer doit servir à la ventilation des lieux d'aisances et de la fosse aux eaux grasses qui est sous la souillarde.
25. Écouloir de la vaisselle lavée.
26. Dépense.
27. Bûcher.

28. Escalier pouvant conduire à un 1er étage non figuré sur l'élévation et dans lequel seraient :
   1° Une salle de délibération pour la commission d'administration ;
   2° Une salle d'archives ;
   3° Des logements pour l'agent-comptable et le chef de cuisine.
29. Lieux d'aisances.
30. Cuvettes en pierre ou marbre, avec réservoirs d'eau au-dessus.
31. Étagères des desserts et vins préparés d'avance.
32. Bouches d'émission { d'air chaud en hiver.
   d'air froid en été.
33. Cheminées d'appel pour la ventilation des salles.
34. Tables destinées à la vaisselle et aux ustensiles nécessaires pour les repas.
35. Tables destinées à la vaisselle et aux ustensiles ayant servi pendant les repas.
36. Escalier conduisant aux caves et au calorifère.
37. Barrière destinée à régulariser le passage des sociétaires vers les guichets.
38. Candélabre à gaz.
39. Entrée sur le derrière de l'établissement.
40. Cour de service.
41. Cour d'entrée.
42. Gazons et fleurs.
43. Corridors de communication entre les deux cours.
44. Lanternes à gaz.

————

$\alpha\omega$. Trait indiquant le trajet à faire par les sociétaires pour l'intérieur ou pour l'extérieur.

T. Trottoirs avec marquise au-dessus régnant au pourtour des bâtiments dans la cour.

K. Calorifère placé sous le pavillon n° 11 et destiné à chauffer les réfectoires, les corridors et le pavillon du commissaire de surveillance pendant l'hiver. Les mêmes conduits serviraient à la ventilation pendant l'été.

xx. Planches qu'on disposerait à charnières pour les baisser pendant tout le service et qu'on relèverait après l'heure des repas ; de sorte qu'elles fermeraient ainsi l'ouverture des guichets de la cuisine et de l'office, en ouvrant en même temps une communication entre les corridors.

————

(1) *Ce projet a été conçu dans le but surtout d'indiquer l'utilité de la réunion de tous les guichets en un seul point de l'établissement, afin que toute la distribution puisse se faire sous la surveillance d'un commissaire unique. Cette disposition est tellement essentielle qu'on devra, pour l'obtenir, lui sacrifier toujours bien d'autres avantages.*

(2) *De cette place, le commissaire surveille à la fois, toute la cour d'entrée, les couloirs et le service dans la cuisine et dans l'office.*

————

tête de chaque article le nom du fournisseur au crédit duquel l'article doit être relevé sur le grand-livre d'achats.

Ce grand-livre ne contient que les comptes généraux ci-après :

Boulangerie. — Ce compte comprend chaque fourniture quotidienne du boulanger à qui la société a adjugé par bail au rabais la fourniture du pain. On indique le poids de chaque fourniture et le prix auquel elle s'élève.

Boucherie. — Comme pour la boulangerie. Il y a aussi eu bail au rabais.

Boissons. — On achète par marchés isolés et de circonstance. Le compte comprend la somme due pour achat de vin au propriétaire; on y porte aussi les frais de transport et les droits d'octroi et autres.

Comestibles. — On porte dans ce compte ceux des épiciers en gros, des confiseurs, etc.

Légumes verts. — C'est un seul maraîcher qui fournit ces légumes, tout épluchés, suivant des prix débattus à l'avance.

Laiterie. — Ce compte est tenu comme celui de la boulangerie.

Triperie. — Ce compte est tenu comme celui de la boulangerie.

Frais généraux. — On y porte les achats de balais, bouchons, etc., qui se font au comptant.

Livre de caisse du trésorier et du comptable. — Grand-livre.

(Voir les modèles page 52.)

Le livre de caisse du trésorier résume toute la partie essentielle de la comptabilité de l'économe et de celle de l'agent-comptable, qui tient en outre un registre de *Situation journalière*.

Il est arrêté et balancé tous les mois, puis remis au président, qui porte les écritures au journal et au grand-livre.

Comptes ouverts à ce grand-livre.

Souscripteurs divers. —

Crédit par *caisse.* — Sommes provenant des cartes d'associé à 1 et 2 fr.

Débit. — Balancé par *frais généraux.*

4

Jetons vendus. — Crédit par caisse. — Produit de la vente des jetons au guichet de l'agent-comptable.

Débit. — A chaque inventaire, par *fournitures alimentaires et boissons*.

Fournitures alimentaires et boissons. — Crédit à chaque inventaire par *jetons vendus*.

Débit par *caisse*, paiements faits aux fournisseurs.

Combustibles et éclairage. — Crédit par *frais généraux* à chaque inventaire.

Débit par *caisse*. — Paiements faits aux fournisseurs.

Frais généraux. — Crédit à chaque inventaire par *souscripteurs divers*.

Débit par *caisse*, traitement des employés, frais de bureau, etc., etc., et à chaque inventaire balance du compte de *combustibles et éclairage*.

Caisse. — Suivant la marche ordinaire.

Profits et pertes. — A ce compte viennent se balancer à chaque inventaire les comptes de *souscripteurs divers* et celui des *fournitures alimentaires et boissons*.

Mobilier. — Crédit. — Par *profits et pertes*, moins-value estimée à chaque inventaire sur tout le mobilier.

Débit. — Par *caisse*. — Sommes payées pour acquisition de *mobilier*.

Actions émises. — Crédit par *caisse*. — Versements des actionnaires.

Débit. — Par *caisse*. — Remboursement d'actions effectué à la suite de chaque inventaire, selon l'importance des économies.

Banquier. — Crédit par *fournitures alimentaires et boissons*, et *combustibles et éclairage*. — Mandats de plus de 100 fr. délivrés par le président aux divers fournisseurs.

Débit par *caisse*, versements du trésorier.

MODÈLE D'UNE PAGE DE LA COMPTABILITÉ DE L'ÉCONOME.

Soupes et Légumes.

DATES.	NOMS DES FOURNISSEURS.	POMMES DE TERRE.		PASTENADES.		RAVES.		NAVETS.		TOTAUX
		Quantités.	Sommes.	quantités	Sommes.	Quanti-tés.	Sommes	Quanti-tés.	Sommes	MENSUELS.
		k. h.	fr. c.	k. h.	fr. c.	k. h.	fr. c.	k. h.	fr. c.	fr. c.
1853.	Restait en magasin au 31 déc.	140,0	15 »	34,0	2 35	0,0	» »	0,0	» »	17 35
Janv. 1-31	Martel, — Roulet......	1164,0	129 63	221,5	15 95	153,0	10 95	39,0	4 30	» »
—	Veuve Satre, — Rivière..	459,5	52 6	229,0	16 65	481,5	13 45	60,5	5 40	248 39
Février.	Martel, — Heg. et Riv...	363,0	40 18	206,0	19 15	103,5	9 40	10,5	1 5	» »
—	Virieux, — Riv. et Arn..	2044,5	230 75	156,5	15 »	94,5	7 78	14,0	1 40	324 71
Mars.	Mathieu, — Heg. et Riv.	270,0	29 70	206,5	24 45	127,0	13 10	24,0	5 10	» »
—	Martel, —Rivière et Arn.	803,0	92 30	203,2	22 25	96,5	9 75	9,5	1 50	198 15
Avril.	Pelleg., — Heg. et Riv..	1190,0	142 80	94,5	11 75	63,0	6 30	0,0	» »	» »
—	Richoux, — Riv. et Arn.	2589,0	310 60	120,5	14 25	19,5	1 95	0,0	» »	487 65
Mai.	Greffe, — Heg. et Roul.	625,0	76 »	54,0	6 75	0,0	» »	0,0	» »	» »
—	Rivière et Arnaud......	0 0	» »	58,5	8 80	0,0	» »	0,0	» »	91 55
Juin.	Greffe, — Hegnh. et R..	1125,5	190 32	0,0	» »	25,5	2 50	0,0	» »	» »
—	Giraud, Blanc, — Riv...	647,7	161 49	0,0	» »	4,0	» 90	0,0	» »	355 21
	Totaux.......	11421,2	1470 83	1581,2	157 35	868,0	76 08	157,5	18 75	1723 1
A la fin de l'année on déduit ce qui reste au 31 décembre.		etc.	etc.	etc.	etc.	etc.	etc.	etc.	etc.	etc.
Total de la consommation en 1853										

MODÈLE DU LIVRE DU TRÉSORIER.

Entrée des Jetons.   **Mois de Juin 1853.**

DA TES.	PAIN.	VALEUR argent (15).	VIN.	VALEUR argent.	VIANDE	VALEUR argent.	SOUPE.	VALEUR argent.	LÉGU-MES.	VALEUR argent.	DES-SERT.	VALEUR argent.	TOTAL des Jetons par jour.	VALEUR argent par jour.
1er.	806	40,30	520	39,00	347	63,40	822	82,20	622	62,20	100	10,00	3,187	297 10
2e.	830	44,50	580	43,50	350	70,00	842	84,20	585	58,50	122	12,20	3,309	309 90

A la fin du mois on additionne toutes les colonnes au bas de la page. Une autre page semblable à celle-ci, et placée au recto du livre, sert pour le même mois à mentionner les sorties des jetons.

MODÈLE DU LIVRE DE L'AGENT COMPTABLE,

Intitulé: Situation journalière.

JUIN 1853.	Pain.	Valeur.	Vin.	Valeur.	viande	Valeur.	Soupe	Valeur.	Légu-mes.	Valeur.	Des-sert.	Valeur.	TOTAL en Jetons.	en Argent.
Reste en caisse le 31 mai.	622		822		904		503		742		835		4,395	
Rentré en caisse le 1er juin	806		520		317		822		622		100		3,187	
Total en caisse le 1er juin	1428		1342		1218		1325		1334		935		7,582	
Sortie de la journée du 1er	787	39,35	522	39,15	324	64,80	811	84,10	561	56,10	106	10,60	3,111	291 10
Reste en caisse le 1er juin.	641		820		894		514		773		829		4,471	
Rentré en caisse le 2 juin.														

MODÈLE

du registre où sont inscrits chaque soir les jetons reçus aux divers guichets, en échange des aliments (16).

ESPÈCE des Jetons.	EXTÉRIEUR.		INTÉRIEUR.		TOTAL des Jetons.	PRIX.	SOMME.		TOTAUX par jour.
	mat.	soir.	matin.	soir.					
MERCREDI 1er JUIN 1853.									
Pain......	2	»	562	266	830	0,05	44	50	
Vin.......	»	»	372	208	580	0,075	43	50	
Viande....	55	5	213	77	350	0,20	70	»	
Soupe.....	135	184	217	306	842	0,10	84	20	
Légumes..	109	22	303	151	585	0,10	58	50	
Dessert....	»	»	80	42	122	0,10	12	20	
Jetons..					3,309		309	90	309 90

(Signatures des commissaires de surveillance.)

MODÈLE

d'une page du cahier où sont inscrits les jetons remis tous les matins à l'agent comptable et signée tous les jours par lui.

LE 1er JUIN 1853.			LE 3 JUIN.	
Jetons de			*Jetons de*	
Pain........	806		Pain........	
Vin.........	520		Vin.........	
Viande......	317		Viande......	
Soupe.......	822		Soupe.......	
Légumes.....	622		Légumes.....	
Dessert......	100	3,187	Dessert......	

Signature de l'Agent-comptable, — *Signature de l'Agent-comptable,*

LE 2 JUIN.			LE 4 JUIN, ETC.	
Jetons de			*Jetons de*	
Pain........			Pain.......	
Vin.........			Vin.........	
Viande......			Viande......	
Soupe.......			Soupe.......	
Légumes.....			Légumes....	
Dessert......			Dessert......	

L'Agent comptable. — *L'Agent comptable,*

MODÈLE

des lettres de convocation des commissaires.

—

Association alimentaire de Grenoble.

SERVICE DE SURVEILLANCE

Du   185

J'ai l'honneur de rappeler à M.
qu'il est de service après-demain.

Grenoble, le   185

L'Agent comptable,

Art. 17. — Les commissaires de surveillance sont de service une fois par mois. Chacun d'eux, en cas d'empêchement, devra se faire remplacer par un de ses collègues. Le commissaire qui aurait abandonné son service deux fois de suite, sans se conformer à cette obligation, sera considéré comme démissionnaire et remplacé par la commission administrative, en vertu des pouvoirs que lui donne l'art. 5 des statuts, sauf toutefois à la commission la faculté d'admettre les excuses qui lui paraîtraient valables.

MODÈLE DES CARTES DE SOUSCRIPTION.

(Dimensions réelles.)

ASSOCIATION ALIMENTAIRE

DE LA

VILLE DE GRENOBLE.

—

M

2e ANNÉE. — No

Guichet intérieur.

Celles des souscripteurs pour l'extérieur sont d'une couleur différente et portent dans le bas la désignation : *Guichet extérieur.*

TABLEAU

de la dépense payée par la ville de Grenoble à l'Association alimentaire, pour la nourriture des élèves, des professeurs et des employés de l'école professionnelle, située dans un local attenant à celui de l'Association.

ANNÉES 1851-1852.	PENDANT L'ANNÉE 1853.
Le prix pour un élève est par jour de...... » f. 80 c.	Par suite du renchérissement des denrées, ces prix ont dû être portés à .... » f. 90
Pour un professeur.......... 1 25	1 50
Pour un domestique.......... 1 10	1 25
Pour une lingère.......... 1 »	1 10

Les élèves sont servis par groupes de six.

Les repas se composent ainsi :

POUR UN ÉLÈVE.

(*Déjeuner.*)

1/2 litre potage .... » f. 05		
Pain........................ » 025	}	» f. 10
Dessert.................... » 025		

(*Diner.*)

4/6 de portion de viande ou poisson... » f. 13		
1/2 — légumes........... » 5		
1/2 — dessert........... » 5	}	» 34
pain .... » 6		
1/6 de litre de vin .... » 5		

(*Souper.*)

Potage 4/6 de portion .... » f. 7 c.		
Viande, poisson ou œufs............. » 13		
Légumes ou salade................. » 5	}	» 36
Pain .... » 6		
Vin .... » 5		

	» f. 80

POUR UN PROFESSEUR.

(*Déjeuner.*)

Potage, pain, dessert................   » f. 10

(*Diner.*)

Viande ou poisson...................   » f. 20 c.
Légumes 1/2 portion................   »   5
Dessert.............................   »   10   » 80
Pain pour toute la journée..........   »· 15
Vin pour la journée................   »   30

(*Souper.*)

Potage 1/2 portion..................   »   5
Viande ou poisson..................   »   20
Légumes............................   »   5   » 35
Dessert............................   »   5

                                                    1 f. 25

Dénomination et traitement des employés de l'Association alimentaire.

1 Commissaire directeur (par mois)...........   100 fr.
1 économe.................................   60
1 comptable   50
1 chef de cuisine..........................   50
1 second cuisinier   40
2 aides de cuisine : l'un, 25 fr. ; l'autre   20
1 femme pour les légumes   20
2 garçons de souillarde : l'un, 25 fr. ; l'autre....   22
2 garçons de salle pour le réfectoire des hommes.   20
1 petit garçon pour le réfectoire des femmes....   10
1 sommelier chargé de l'office................   25
1 concierge distributeur de cartes............   20

15

Tous ces employés, à part le commissaire-directeur, sont nourris dans l'établissement.

INVENTAIRE

du Mobilier acheté par l'Association alimentaire pendant la première année de son installation.

Mobilier de la cuisine (17).

Un fourneau à deux foyers et deux fours, à flamme renversée, au milieu, une bouillote d'un hectolitre. Longueur 3 m. 33 c., largeur 1 m. 33 c., hauteur 0 m. 80 c. . . . . 1,200f » (18)

Une étuve chauffée par la cheminée du fourneau, en tôle, entourée de briques, garnie de trois étagères en grillage de fer plat. Hauteur $2^m,20$, largeur $2^m,00$, profondeur $0^m,65$. . . . . 200 »

Une machine à couper le pain pour la soupe, meuble en noyer à peu près semblable à une commode, avec une roue à cinq couteaux. . . . . 104 »

Un grand mortier en pierre polie. Diamètre $0^m,45$, profondeur $0^m,25$. . . . . 30 »

Un billot en sapin pour supporter ledit mortier, et deux pilons en buis à long manche. 17 50

Un billot en chêne pour découper les viandes. Hauteur $0^m,90 \times 0^m,60 \times 0^m,70$. . . . . 40 »

Cuivrerie.

Une grande chaudière pour le bouilli, avec son couvercle, contenant 190 litres.

Une grande daubière, avec son couvercle, de la contenance de 75 litres.

Quatre chaudières à degré, avec leurs couvercles, contenant chacune 75 litres.

Cinq bassines à fond plat de différentes capacités, dont la plus grande contient 90 litres, et la plus petite 21 litres.

Douze casseroles et six couvercles de différentes dimensions; la plus grande contient 29 litres, et la plus petite 2 litres.

Sept plats à rôtir dont le plus grand a : longueur $1^m,00$, largeur $0^m,50$. Hauteur des rebords $0^m,09$. Le plus petit a : longueur $0^m,48$, largeur $0^m,48$, hauteur $0^m,08$.

A reporter. 1,591f 50

Report 1,591 50

Quatre seaux droits cylindriques contenant chacun 15 litres, servant au transport de l'eau.

Deux passoires étamées dehors et dedans, de la capacité, l'une, de 25 litres, et l'autre, de 15 litres.

Un pot à friture contenant 9 litres, surmonté de sa passoire.

Cinq cuillers à pot contenant depuis un demi-litre jusqu'à un litre et demi.

Deux spatules et deux écumoires.

Le tout en cuivre rouge étamé, pesant ensemble 425 kil. 2 hect., à 4 fr. le kilogramme 1,700 80

Soixante bassines, gamelles ou plats à gratin, de différentes formes et dimensions, en fer battu, pesant ensemble 40 kil. 08 hect., à 2 fr. 50 . . . . 104 90

Vingt poches en fer battu pour les soupes ou pour faire les portions . . . . 12 »

Trois poêles à frire de différentes dimensions . . . 13 30

Ferblanterie.

Une marmite avec son couvercle 7 50

Deux seaux pour le lait, avec leurs couvercles, contenant chacun 20 litres . . . . 15 »

Deux cruches à main pour les huiles . . . . 5 »

Un porte-cuillers pour accrocher les cuillers à pot et les poches . . . . 6 »

Un tamis en toile métallique pour passer le bouillon. 2 50

Une grande râpe à fromage montée sur bois . . . 1 25

Une boîte à deux compartiments pour le sel et le poivre 3 25

Quatre couloirs pour les grains ou le sel, dont deux en bois 2 50

Deux puisoirs à huile et un petit seau, avec une petite mesure pour les salades 3 50

Un plateau en zinc pour le mesurage du vin au guichet extérieur 2 50

Menuiserie.

Un buffet-dressoir en noyer, à cinq portes et cinq tiroirs (vieux meuble) . . . . 40 »

À reporter 3,511 50

<table>
<tr><td>Report. . . . . .</td><td>3,511</td><td>50</td></tr>
</table>

Une forte table en noyer, avec un grand tiroir. Longueur 1^m,20, largeur 0^m,80................. **25 »**

Une table en sapin, les pieds en noyer, avec un tiroir. Longueur 1^m,00, largeur 0^m,60........... **7 50**

Deux grands coffres en bois blanc, l'un pour le beurre fondu, l'autre pour les huiles, ayant chacun une séparation au milieu, garnis en dedans en fer-blanc double croix brillant................... **91 30**

Un autre coffre pour la farine, pouvant en contenir 150 kil., le dessus brisé et à charnières....... **14 »**

Une caisse en bois blanc pour le blé grué, en contenant 100 kil................................ **7 50**

Une forte planche à hacher en noyer. Longueur 0^m,80, largeur 0^m,70.......................... **6 50**

Un banc en chêne pour entreposer les seaux... **6 »**

Une échelle à dix marches en bois dur......... **8 »**

Trois grandes spatules en bois pour remuer les sauces.................................... **3 75**

Une caisse à sel en bois blanc, pouvant contenir 200 kil.................................... **3 »**

Une grille en fer plat du diamètre de la grande chaudière, pour tenir le bouilli constamment au fond, pesant 6 kil............................ **6 »**

Deux couperets pour les viandes, un fort et un petit................................... **6 50**

Huit couteaux de cuisine, grands et petits...... **16 50**

Un crible pour les haricots et les légumes secs.. **3 »**

Six corbeilles pour les légumes ou pommes de terre.................................... **9 50**

Sept ustensiles pour le fourneau, tels que pinces, pique-feu, crochets, pelles, râcloir, pelle à enfourner, etc.................................... **15 »**

Un panier à salade en fil de fer............... **4 »**

Vingt-quatre cuillers à ragoût, en buis et bois ordinaire................................. **3 50**

Une petite lampe à bascule en cuivre.. .... **2 50**

Douze chaises communes empaillées, à 1 fr. 50.. **18 »**

Deux chaises hautes pour les guichets intérieur et extérieur................................. **10 »**

Une grille en toile métallique avec son cadre en

<table>
<tr><td>A reporter. . . . .</td><td>3,778</td><td>55</td></tr>
</table>

Report. 3,778 55

bois blanc, placée à la croisée de la dépense. . . . . . 9 »

Appareils de gaz pour la cuisine, et 16 mètres de conduits en plomb pris depuis le corridor d'entrée. . 56 70

Divers agencements en menuiserie, boiserie, éta- gères, etc. 113 85

Conduits en plomb et robinet pour amener l'eau à la cuisine 58 90

Prix total du mobilier de la cuisine . . . . 4,017 »

Mobilier des réfectoires (19).

(Grand réfectoire des hommes). Dix-sept tables en bois blanc, les pieds en bois dur, recouvertes de toile cirée (faux bois) retenue au pourtour par des liteaux en bois dur. Longueur de chaque 2^m,60, largeur 0^m,90; à 25 fr. l'une. 425 »

Trente-quatre bancs en bois blanc fort, les pieds en bois dur, pour lesdites tables, à 10 fr. . . . . 340 »

Douze autres tables en bois blanc, les pieds en noyer. Longueur 1^m,85, largeur 0^m,90; avec les toi- les cirées et les liteaux, à 15 fr. . . . . 180 »

Vingt bancs pour lesdites tables, conditionnés comme les premiers, à 6 fr. . . . . 120 »

Huit marchepieds placés sous lesdites tables l'hi- ver, pour éviter de poser les pieds sur la pierre. Longueur 1^m,70, largeur 0^m,50; à 3 fr. . . . . 24 »

Une grande table recouverte en zinc, placée au bout de la salle, pour l'entrepôt des verres, cuillers, fourchettes et couteaux. Longueur 4^m,00, largeur 0^m,65, avec un tiroir à chaque bout. . . . . 35 »

Deux autres tables placées dans les coins, recou- vertes en zinc, avec des parois se relevant d'équerre sur deux côtés, à 0^m,60 de hauteur, et recouvertes d'une toile cirée, pour l'entrepôt de la vaisselle sale. Longueur 1^m,05, largeur 0^m,90; à 15 fr. . . . . 30 »

Une pendule à cadre hexagone, placée dans le ré- fectoire des hommes. . . . . 70 »

Un grand poêle à dessus de marbre, placé au fond du grand réfectoire, avec les coudes et tuyaux né- cessaires. . . . . 92 »

Un autre poêle nouveau modèle, placé entre les

A reporter. . . . . 1,316 » 4,017 »

Report. . . . . . 1,316 » 4,017 »

deux réfectoires des hommes, avec les coudes et tuyaux nécessaires. 35 50

Un poêle à cheminée renversée, placé dans le réfectoire des dames. . . . . 80 »

Installation dudit poêle et construction de la cheminée en dessous. . . . . 200 »

Une glace à cadre doré pour le réfectoire des dames. 30 »

Installation du gaz.

Un compteur à vingt becs avec son robinet. . . . . 105 »
Quarante mètres de conduits en plomb et raccords. 60 »
Cinq lyres en bronze avec leurs brûleurs. 101 50
Un appareil à T pour la salle des dames. . . . . 30 »
Une genouillière à soleil fixée contre le mur. . . . 13 25
Dix-sept mètres de moulures pour envelopper les conduits du gaz. . . . . 20 »

Prix total du mobilier des réfectoires. 1,991 25

Mobilier du bureau de l'économe (20).

Une table en noyer avec un tiroir. . . . . 10 »
Une armoire pour le linge de l'établissement. . . . . 40 »
Un bureau en noyer pour les écritures (vieux meuble) 25 »
Douze chaises ordinaires en paille. . . . . 18 »
Une lampe-modérateur avec ses accessoires. . . . . 17 »
Deux chandeliers en cuivre. . . . . 5 »
Un poêle petit modèle avec les tuyaux nécessaires. 15 »
Une pelle à feu, un crochet, une brosse et une balayette en crin. 3 20

Total. 133 20

Mobilier du bureau de l'agent-comptable (21).

Une caisse en bois de noyer à six compartiments, pour la vente des jetons, avec un placard en-dessous et un tiroir à côté pour l'argent reçu. . . . . 50 »

Une tablette en bois fixée devant le placard, avec deux tiroirs fermant à clef. . . . . 18 »

Une table à écrire (vieux meuble). . . . . 7 »

Une autre caisse carrée en noyer, à six compartiments, pour les jetons du trésorier. 12 50

A reporter. 87 50 6,141 45

Report.	87 50	6,141 45
Six chaises en noyer mi-fines, paille	21 »	
Une chaise haute pour la vente des jetons	5 »	
Un poêle eu fonte avec ses tuyaux	20 »	
Une pelle et un crochet pour ledit poêle	1 »	
Un porte-manteau en fer à quatre branches, fixé à vis	2 50	
Une brosse et une balayette eu crin	2 20	
Une genouillière et tuyaux en plomb pour le gaz .	19 »	
Un coffre-fort en tôle pratiqué dans le mur	32 »	
Total		190 20

Mobilier de la loge du concierge.

Un pupitre à charnières avec un tiroir au-dessous fermant à clef	15 »	
Une genouillière et tuyaux en plomb pour le gaz.	16 »	
Total		31 »

Service des jetons (22).

Une caisse en noyer pour recevoir les jetons à l'intérieur, avec six tiroirs à l'intérieur et des entonnoirs au-dessus	30 »	
Quatre autres caisses en bois blanc, ayant chacune un tiroir pour recevoir les jetons aux guichets extérieurs et à l'office	28 »	
Deux cents étuis en fer-blanc pour recevoir les jetons comptés par cinquante, à 10 cent. l'un	20 »	
Une corbeille à six compartiments pour chaque espèce d'étuis vides	2 50	
Un panier pour transporter les jetons de l'économe au trésorier	1 50	
Deux registres imprimés pour l'entrée et la sortie des jetons	18 »	
Un registre imprimé pour la situation journalière de la caisse de l'agent-comptable	12 »	
Total		112 »

Mobilier de l'office.

Une table en sapin pour entrepôt. Longueur 3^m,30, largeur 0^m,90	25 »	
Une table semblable recouverte en zinc, pour en-		
A reporter.	25 »	6,474 65

Report. . . . . 25 » 6,474 65

treposer les bouteilles. . . . . 48 »

Une autre table recouverte d'une toile cirée, pour entreposer les desserts. . . . . 5 »

Une petite table en sapin pour le mesurage du vin. . . . . 8 »

Un plateau en étain sur ladite table, pesant 16 k. à 4 fr. . . . . 64 »

Une table en sapin, avec un grand tiroir destiné aux tranches de pain pour la soupe. 10 50

Un couteau à charnière, sur ladite table, pour couper le pain. . . . . 12 »

Un bidon en bois de chêne, contenant 75 litres, avec un robinet, pour mesurer le vin. . . . . 20 »

Deux cruches en fer-blanc pour monter le vin de la cave. . . . . 11 »

Quatre mesures légales en étain pour mesurer le vin. . . . . 9 »

Un entonnoir à filtre pour le vin. 3 50

Une grande corbeille pour le pain coupé pour chaque repas. . . . . 5 »

Une autre corbeille pour les fruits du dessert. . . . 3 »

Six petites corbeilles pour les fruits et autres services. . . . . 6 »

Total. . . . . 230 »

Mobilier de la cave (23).

1 tonneau à guichet contenant	15 hectolitres	60	»
5 id.	de 13 hect. chacun,	65 id. à 65 fr.	325	»
7 id.	de 10 —	70 id. à 40 ..	280	»
1 id.	de 9 —	9 id. à 36 ..	36	»
5 id.	de 7,50 —	37,50 à 28f 50.	142	»
3 id.	de 4 —	12 id. à 8 fr.	24	»
12 id.	de 2 —	24 id. à 6 ..	72	»
22 id.	de 1 —	22 id. à 5f 50.	120	»
2 id.	de 0,50 —	1 id. à 5f 25.	10	50

Total. 58 tonn. contenant ensemble. 255 hectolitres 1,069 50

Seize mètres de tuyaux en fer-blanc, avec leur entonnoir à pied, pour conduire le vin du dehors dans les tonneaux. 30 25

A reporter. . . . 1,099 75 6,704 65

64

Report 1,099 75   6,704 65

Un cuvier et son trépied pour introduire le vin
dans les tuyaux   16   »

Un entonnoir en bois de chêne, ovale, pour les
tonneaux   6   »

Un autre entonnoir en fer-blanc également pour
les tonneaux   3   »

Huit robinets en cuivre de différentes dimensions.   36   25

Deux robinets en bois pour le vinaigre . . . .   »   75

Un marchepied pour arriver aux tonneaux   6   »

Trois bennes pour le service de la cave   6   »

Un maillet en bois de frêne   1   50

Un tâte-vin en fer-blanc   1   »

Trois entonnoirs à bouteilles   1   50

Total 1,177 75

Mobilier de la souillarde et des fontaines (24).

Huit étagères placées à la souillarde ou à la fontaine.   20   50

Un écouloir pour les assiettes, garni en zinc. Lon-
gueur 3^m,50, largeur 0^m,65   40   50

Une lampe en cuivre à bec et à crochet   1   90

Une chaudière en fonte pour l'écurage de la vais-
selle   41   »

Une caisse en bois à pieds. Longueur 1^m,50, lar-
geur 0^m,65, pour rincer   12   »

Un bayard à caisse et à claire-voie pour transporter
la vaisselle sale   18   »

Une corbeille pour transporter les cuillers et
fourchettes   2   50

Deux bennes grandes pour le service de la souil-
larde   7   »

Un tabouret en paille   1   »

Une grille en fil de fer pour la croisée de la souil-
larde   2   50

Une genouillère à deux branches et quinze mètres
de tuyaux en plomb pour le gaz de la souillarde   30   »

Tuyaux en plomb et ajutage du robinet pour la
fontaine de la souillarde   10   »

Une grande caisse carrée servant de bassin à la
grande fontaine   12   »

A reporter 198 90   7,882 40

Report.	198	90	7,882 40

Une grande benne cerclée en fer pour laver les légumes. . . . . **17** »

Deux autres bennes cerclées en bois pour le même objet. . . . . **7** »

Cinq corbeilles pour les légumes. . . . . **12** »

Deux autres bennes ovales pour la détrempe des poissons secs. . . . . **27** »

Un réservoir en zinc, contenant quatre hectolitres, placé dans un placard pour alimenter la fontaine placée à l'entrée pour se laver les mains. . . . . **30** »

Un cylindre en bois placé sur deux consoles en fer, sur lequel est placé un grand essuie-mains sans fin . . . . **15** »

TOTAL. **306 90**

Mobilier du laboratoire (25).

Trois étagères et leurs accessoires. **21 28**

Une cruche en fer-blanc pour verser l'huile dans les lampes. **2 25**

Deux bennes ordinaires pour rincer les bouteilles et les verres. **4 50**

Un panier à carafes de douze trous. **3 50**

Un panier à carafes de quatre trous. **1 50**

Un panier à bouteilles d'un demi-litre, de vingt-quatre trous. **5 50**

Deux plateaux circulaires en cuivre, pesant 1 kil. 7 **9 35**

Deux plateaux circulaires en tôle vernie. . . . . **6** »

Un plateau long en tôle vernie pour faire cuire les poires. **6 75**

Tuyaux en plomb et une genouillière à trois mouvements pour le laboratoire. **25** »

TOTAL. **85 63**

Mobilier de la cour (26).

Une barrière pour le guichet de la vente des jetons, en fort bois de châtaignier, garnie d'une grille, et ses accessoires. . . . . **60** »

Une autre barrière placée au guichet extérieur. . **40** »

Une troisième barrière placée au guichet intérieur. **40** »

A reporter. . . . . . 140 » 8,274 93

Report.	140 »	8,274 93

Un grand charbonnier en bois peint, placé au coin de la cour, près la porte de la cuisine. . . . . 20 »

Une niche à chien placée dans l'autre coin de la cour. . . . . 24 »

Un candélabre en fonte au milieu de la cour, avec sa lanterne, son brûleur et tous ses accessoires. . . . 168 »

Une pierre octogone placée sous ledit candélabre. 25 »

14 mètres de conduits en plomb pour arriver du compteur au candélabre. 17 50

Un petit brûleur placé dans la niche de la cuvette du vestibule. . . . . 6 »

TOTAL. 400 50

Meubles et instruments divers (27).

Une bascule pour peser les marchandises, de la force de 200 kil., avec ses poids et accessoires. . . . 100 »

Une balance pour peser le pain et les petits objets, avec ses poids. . . . . 42 »

Un tableau à coulisse pour l'indication des aliments à consommer, avec cinquante planchettes où sont inscrits les noms des aliments, placé dans la cour, à côté de la porte d'entrée. . . . . 40 »

Un tableau semblable, mais un peu plus petit, placé à côté du guichet intérieur dans le même but. 30 »

Un troisième tableau placé dans les réfectoires, où sont inscrits les noms des commissaires de surveillance. . . . . 8 »

Trois tableaux destinés à contenir les statuts et le règlement. . . . . 25 »

Un autre petit tableau pour les noms des membres de la commission administrative. . . . . 3 »

Un grand banc placé dans le laboratoire pour entreposer les pains avant de les peser. . . . . 13 »

Une échelle double en bois blanc pour le service de l'établissement. . . . . 18 »

Deux chandeliers en cuivre et trois en fer battu. 13 30

Trois paires de mouchettes et leurs plateaux. . . . 2 25

Deux paires de ciseaux, une pour les lampes, l'autre pour le papier. 2 75

Une grande scie montée. . . . . 5 »

A reporter. 302 30 8,675 43

Report.	302 30	8,075 43
Un chevalet pour scier le bois.	1 25	
Deux haches fortes pour fendre le bois.	7 »	
Une hache à main.	3 »	
Un gros marteau pour casser le charbon.	4 50	
Un petit marteau pour les clous.	1 50	
Une paire de tenailles fortes.	2 50	
Deux autres paires de tenailles pour les caves. . .	2 »	
Un vilebrequin, deux mèches et une percerette.	4 50	
Un tiers-point et un fort ciseau emmanché.	2 25	
Un cadenas pour la porte de la cave.	1 »	
Un arrosoir pour le balayage des salles.	2 50	
Une clef anglaise pour les guichets de tonneaux.	7 »	
Une pelle mince à grand manche et une pelle carrée.	2 50	
Une forte pioche pesant 3 kil.	4 30	
Un rateau et un piochon.	3 25	
Un trident avec son manche.	1 50	
Un tire-bouchon et une brosse à bouteilles.	1 »	
Un araignoir avec son manche.	4 »	
Un panier en osier destiné à porter en ville. . . .	1 50	
Un timbre en cuivre pour l'Association, avec son tampon.	14 »	
Une sonnette dans la cour, avec ses accessoires.	9 »	
Une pince pour les fils de fer et les appareils du gaz	» 50	
Divers porte-manteaux en bois placés dans l'établissement	4 50	
Un arrosoir en fer-blanc garni de sa grille, pour le jardin	6 »	
Un tube en bronze avec son brûleur, pour le gaz du guichet intérieur.	12 »	
Une lanterne pour les fumeurs placée à la porte de l'établissement.	2 »	
Une pelle en bois pour les pommes de terre. . . .	1 50	
Un panier à verres en fil de fer, huit trous.	1 25	
Deux corbeilles en osier à trois compartiments, pour les cuillers, fourchettes et couteaux.	6 »	
Une caisse pour transporter le charbon.	7 »	
Deux autres caisses pour entreposer le charbon près des poêles.	7 »	
TOTAL.	430 10	
A reporter.		9,005 53

Report 9,005 53

Lingerie (28).

Cent quarante-huit tabliers blancs. 162 60
Trente tabliers bleus à bavette. 43 55
Cent quatre-vingt-neuf torchons. 123 80
Trente-six essuie-mains petits. 37 10
Quatre rideaux pour le bureau de l'agent-comptable 18 »
Un pliant pour coucher un garçon. . . . . 8 »
Un matelas pour ledit pliant. 20 50
Quatre petits draps en crétonne. . . . . 15 »
Deux petites couvertures communes et un traver-
sin rempli de paille. 7 75

Total. 436 30

Vaisselle et ustensiles (29).

Mille huit cent trente-huit assiettes plates. . . . . . . 399 »
Quatre cent trente-trois assiettes à soupe. 90 15
Soixante-douze plats ronds et ovales. 72 60
(30) Neuf cent soixante-dix-huit bols en argile pour
la soupe 97 80
Cinquante-trois saladiers en faïence. 40 35
(31) Quatre-vingt-sept saladiers en argile. 13 05
Quatre cent soixante-douze cuillers en fer battu
étamé. 63 97
(32) Cinq cent quarante fourchettes en fer battu
étamé. 73 03
Trois cent quatre-vingts couteaux. . . . . 114 »
Cent carafes, verre fort, à fond plat. . . . . 75 »
Deux cents bouteilles à *fond plat* (un litre). . . . . 30 »
Trois cents bouteilles (demi-litre) servant égale-
ment pour les quarts de litre. . . . . 36 »
Neuf cent dix verres à boire, forts. 153 80
Quatre-vingt-quinze salières ou poivrières. 19 60
Trente moutardiers. . . . . 9 »
Deux cruches à huile en terre de grès. . . . . 9 »
Huit pots en terre commune. . . . . 4 »
Douze plats à rôtir de différentes dimensions. . . . 7 25
Dix terrines de différentes dimensions. 8 60
Quatre pots en faïence pour le poivre, le sel, le
sucre et la moutarde. . . . . 3 »

A reporter. . . . 1,319 20   9,441 83

	Report. 1,319 20	9,441 83

Deux pots à eau en faïence.................... 1 »

Dix-neuf soupières en fer battu, soit pour le service de l'école professionnelle, soit pour l'établissement, avec leurs couvercles, pesant 19 kil........ 69 85

Onze pochons en fer battu pour la soupe...... 5 50

TOTAL..... 1,395 55

Montant du mobilier acheté pendant la première année de l'installation................................. 10,837 38

Fabrication de 24,000 jetons..................... 1,280 »

TOTAL GÉNÉRAL... 11,317 38

NOTA.— Beaucoup de réparations faites dans l'établissement n'ont pas été comprises dans ce compte.

TABLEAU STATISTIQUE

des professions diverses (33) des Souscripteurs de l'Association alimentaire, pendant les années 1851-52-53.

1851.		1852.		1853.	
PROFESSIONS.	nombre.	PROFESSIONS.	nombre.	PROFESSIONS.	nombre.
Avocats et avoués...	81	Avocats et avoués..	38	Avocats et avoués..	26
Boulangers	14	Aubergistes.........	8	Artistes	13
Bijoutiers	19	Artistes	8	Boulanger	1
Bouchers...........	12	Boulang. et pâtiss..	9	Banquiers..	6
Cafetiers...........	35	Banquiers.........	6	Bouchers...........	4
Commis et employés	223	Bouchers...	4	Charpentiers	8
Charpentiers	18	Charpentiers	6	Coiffeurs..........	8
Cordonniers	69	Commis et employés	105	Cordonniers.	60
Chapeliers..........	18	Cafetiers..........	10	Cafetiers	10
Confiseurs..........	10	Corroyeurs	4	Clercs	30
Coiffeurs	10	Cordonniers.......	27	Chapeliers	12
Ecclésiastiques et		Couteliers..	3	Charcutiers	4
médecins.........	31	Clercs.............	24	Confiseurs	4
Entrepreneurs......	57	Chaudronniers	5	Cultivateurs	21
Etudiants et clercs..	74	Confiseurs........	4	Ecclésiastiques et	
Epiciers	17	Cultivateurs.......	17	médecins	10
Ferblantiers........	17	Chapeliers.........	8	Etudiants	9
Gantiers	117	Charcutiers	4	Entrepreneurs.....	11
Imprimeurs	29	Ecclésiast. et méd.	8	Ebénistes	8
Menuisiers	51	Ebénistes..........	10	Employés et commis	140
Mégissiers	15	Etudiants	10	Ferblantiers.......	18
Modistes	27	Entrepreneurs	9	Gantiers	170
Négociants	188	Ferblantiers.......	6	Instituteurs et pro-	
Notaires............	10	Gantiers	78	fesseurs	18
Peintres et artistes..	48	Huissiers	4	Imprimeurs	8
Peigneurs de chanvre	14	Instituteurs	4	Huissiers	5
Professeurs.........	54	Imprimeurs	5	Journaliers........	20
Pharmaciens	10	Légistes....	8	Légistes...........	12
Rentiers............	217	Menuisiers	20	Menuisiers	40
Selliers	8	Mécanic. et serrur..	20	Négociants	55
Serruriers..........	31	Meuniers..........	4	Peintres	20
Tailleurs...........	108	Négociants	77	Propriétaires	42
Traiteurs...........	12	Notaires	6	Militaires en retraite	15
Teinturiers et colo-		Peintres	10	Rentiers	82
ristes	13	Plâtriers	10	Serruriers ou méca-	
Professions diverses.	165	Propriétaires	30	niciens..........	26
Femmes (professions		Perruquiers	8	Tailleurs..........	78
diverses)	341	Rentiers	49	Tourneurs	12
		Militaires en retraite	17	Tripier.	1
		Tourneurs.........	3	Voituriers.........	11
		Tripiers	9	Professions diverses	89
		Tailleurs..........	34	Femmes	197
		Voituriers.........	10		
		Professions diverses	91		
		Femmes...........	118		
Total....	2163	Total....	948	Total....	1304

TABLEAU COMPARATIF

De la rentrée des jetons représentant la quantité des rations consommées pendant les années 1851-52-53 (34).

1851.

MOIS.	Pain.	Vin.	Viande.	Soupe.	Légumes	Dessert	TOTAL.
Janvier.........	7,183	14,676	9,374	5,977	9,075	4,718	51,003
Février........	8,919	12,445	8,697	6,198	8,893	3,327	48,479
Mars..........	12,348	15,306	10,361	8,212	11,193	3,965	61,385
Avril.........	13,386	16,534	10,985	9,965	12,353	3,513	66,736
Mai..........	14,519	16,770	10,896	11,531	12,384	3,580	70,680
Juin.........	16,401	18,540	11,932	12,804	15,411	4,773	79,861
Juillet	18,728	20,304	13,185	15,562	15,271	5,128	88,178
Août..........	22,538	25,184	14,580	18,566	16,671	6,095	103,634
Septembre.....	18,412	20,264	11,677	17,878	13,610	4,079	85,920
Octobre	18,960	19,491	10,824	17,106	13,568	4,027	83,976
Novembre . ..	17,365	16,390	9,440	14,807	12,061	3,748	73,811
Décembre.....	16,207	15,532	9,262	13,215	10,927	3,446	68,589
TOTAUX....	184,966	211,436	131,213	151,821	152,417	50,399	882,252

1852.

MOIS.	Pain.	Vin.	Viande.	Soupe.	Légumes	Dessert	TOTAL.
Janvier.........	13,615	12,824	7,775	10,952	9,303	2,947	57,416
Février...	14,163	13,554	8,168	12,238	9,674	3,316	61,113
Mars..........	16,437	15,868	8,879	15,498	12,271	3,663	72,616
Avril.....	17,816	17,476	9,354	16,640	12,743	3,856	77,915
Mai..........	19,315	19,106	10,360	16,583	13,417	4,562	83,343
Juin.........	19,352	18,060	9,825	16,285	14,189	4,211	81,922
Juillet	19,092	19,660	9,730	17,713	14,614	3,944	84,753
Août.........	20,543	20,680	9,998	20,274	14,400	4,049	89,944
Septembre.....	19,860	21,050	10,124	22,256	14,045	4,025	91,360
Octobre.......	19,400	18,101	9,526	21,201	14,138	3,153	85,519
Novembre.....	19,879	17,028	9,768	19,044	12,833	3,050	81,602
Décembre.	20,290	16,715	9,799	17,424	12,680	2,864	79,772
TOTAUX...	219,792	210,122	113,306	206,108	154,307	43,640	947,275

1853.

MOIS.	Pain.	Vin.	Viande.	Soupe.	Légumes	Dessert	TOTAL.
Janvier.........	19,479	14,966	9,381	16,637	12,310	2,738	75,511
Février........	18,386	13,010	8,517	15,560	11,720	2,210	69,403
Mars..........	20,359	15,112	9,447	18,388	13,882	2,427	79,615
Avril..........	23,160	16,362	10,286	21,017	15,658	2,806	89,289
Mai..........	26,276	19,618	11,613	21,246	18,072	3,780	100,605
Juin..........	26,984	19,352	11,395	25,699	19,041	4,476	106,947
Juillet	28,931	22,130	12,269	26,946	20,731	5,013	116,020
Août	29,830	21,484	12,932	29,677	20,437	4,742	119,102
Septembre.....	26,052	15,611	11,114	29,261	18,489	3,843	104,370
Octobre	27,083	14,882	11,075	28,231	18,939	3,327	103,537
Novembre.	27,181	13,497	10,877	24,744	17,376	3,223	96,898
Décembre	25,328	12,790	10,450	22,462	16,920	2,956	90,906
TOTAUX....	299,049	198,814	129,356	279,868	203,575	41,541	1,152,203

TABLEAU COMPARATIF,

POUR CHAQUE ESPÈCE DE JETONS,

Des Denrées consommées pendant les années 1851-52-53.

NATURE DES DENRÉES.		1851.			1852.			1853.		
		QUANTITÉS	PRIX moyens.	SOMMES DÉPENSÉES.	QUANTITÉS	PRIX moyens.	SOMMES DÉPENSÉES.	QUANTITÉS	PRIX moyens.	SOMMES DÉPENSÉES.
Pain 1re qualité........	kil.	48377,4	» ʳ2663	12884 ʳ57	61374,3	» ʳ3093	18983 ʳ16	68330,4	» ʳ3756	25664 ʳ70
VIN ROUGE (35).										
Pris chez le propriétaire.	hect.	651,12	14 73	9596 55	644,70	15 44	9912 45	574,83	22 05	12646 32
Droits du fisc ou d'octroi.	—	»	7 38	4805 86	»	6 06	3893 05	»	4 71	2695 13
Transports ou voiturage.	—	»	1 59	1038 25	»	2 33	1497 35	»	1 67	958 75
TOTAUX NET........		651,12	23 71	15440 66	644,70	23 83	15302 85	574,83	28 43	16270 20
VIANDE.										
Bœuf..............⎫ Veau..............⎬ Mouton..............⎭	kil.	31268,8	» 80	25015 08	25344,1	» 80	20275 28	26868,8	» 81 2	21827 28
Lard ou petit salé......	—	335,1	1 53	513 30	283,4	1 50	425 61	276,1	1 74	480 26
Saindoux ou graisse blanche..............	—	169,1	1 51	256 20	328,1	1 50	493 65	341,7	1 76	603 60
Godiveaux ou saucisses.	—	81,2	1 63	132 95	113,5	1 60	180 63	421,1	1 85	224 63
Boudins............	—	29,0	» 60	47 20	156,5	» 63	98 22	227,2	» 73	164 54
Jambon assorti ⎫ Pour l'école Pâtés........ ⎬ professionnelle.	Unités.	»	» »	» »	25,2	2 44	61 60	22,4	2 57	57 67
	Unités.	»	» »	» »	326,0	» 95	300 50	76,0	» 90	68 40
Gras-doubles..........	kil.	2358,02	» 60	1416 69	2609,0	» 48	1166 32	2559,1	» 44 8	969 77
Têtes de veau.........	Unités.	333,0	1 »	333 »	519,0	» 90	465 80	349,0	» 83	265 40
Fraise de veau........	—	103,0	» 35	36 05	508,0	» 30	154 45	389,0	» 25	97 »
Pieds de veau.........	—	»	» »	» »	758,0	» 15 5	118 15	1326,0	» 15	198 90
Fricassée de mouton....	kil.	30,5	» 73	22 50	215,1	» 60	130 55	»	»	»
Langues de mouton.....	Unités.	»	» »	» »	1256,0	» 13 7	172 20	4301,0	» 10 1	434 88

NATURE DES DENRÉES.		1851.			1852.			1853.		
		QUANTITÉS	PRIX moyens.	SOMMES DÉPENSÉES	QUANTITÉS	PRIX moyens.	SOMMES DÉPENSÉES.	QUANTITÉS	PRIX moyens.	SOMMES DÉPENSÉES.
Pieds de mouton	Unités.	1212,0	»′06 2	75′75	2457,0	»′05 2	129′15	1652,0	»′05	82′60
Merluches	kil.	1178,6	» 46 6	549 17	822,6	» 47	386 80	1298,0	» 49 4	638 08
Poissons frais	—	41,1	» 69	28 63	253,5	» 46	116 72	225,4	» 40	101 25
Thon mariné (école)	—	9,8	2 10	20 80	40,0	2 44 8	24 48	9,0	3 40	30 60
Choucroute	—	316,0	» 36 3	114 90	343,0	» 33	113 35	490,0	» 32 9	62 65
Cervelles de mouton	Unités.	400,0	» 42 5	50 74	584,0	» 45	87 60	597,0	» 15	89 40
Chevreaux	—	»	»	» »	44,0	1 83	80 80	20,0	2 50	51 25
Dindes	—	36,0	4 14	149 25	47,0	4 18	196 50	28,0	3 88	108 78
Volailles (Ecole)	—	238,0	1 20	287 35	24,0	1 17	28 40	8,0	4 70	13 60
Sardines marinées	kil.	8,5	» 42	3 60	»	»	»	»	»	»
TOTAL des viandes pour l'année 1851				29023 16	Pour 1852...		25206 46	Pour 1853...		26570 14
SOUPE ET LÉGUMES.										
Beurre frais	—	3344,1	1 31	4404 03	3608,5	1 32	4764 79	4134,7	1 72	7145 96
Beurre fondu	—	382,4	1 68	644 43	1159,1	1 69	1960 92	4063,0	1 82	4934 84
Huile de noix	—	836,8	1 27 3	1063 90	1117,2	1 24 5	1390 37	1150,0	1 62	1869 36
Œufs	unités.	19137,0	» 03 9	756 45	26806	» 04 2	1125 98	34517,0	» 04 9	1699 70
Lait	litres.	11207,0	» 14 4	1617 19	12138	» 14 6	1772 93	14033,0	» 14 5	2047 32
Fromage de cuisine	kil.	296,6	1 07	315 99	193,7	1 20	235 95	216,0	1 24	270 07
Vermicelle ou taillerins.	—	1755,7	» 45 3	795 18	1832,2	» 47 3	867 68	3596,3	» 57 5	2068 82
Pâtes de Gênes diverses.	—	911,2	» 58	529 14	1308.5	» 60	786 05	841,6	» 64	538 27
Macaronis	—	1256,9	» 59 3	746 17	1441,1	» 61 8	890 75	1444,5	» 68	984 38
Blé ou orge grué	—	1612,5	» 29 2	472 19	2453,5	» 34 2	840 35	4546,5	» 40 5	1843 97
Riz	—	2531,5	» 47 7	1209 10	4386,5	» 50	2197 50	5614,8	» 50	2811 25
Farine blanche	—	1784,4	» 32	573 32	1807,0	» 38 3	692 04	2072,5	» 48	994 28
Haricots blancs (secs ou frais)	—	2334,8	» 25	597 04	2999,8	» 30	902 44	3244,5	» 34 8	1430 90
Pois et fèves secs (pour purée).	—	582,0	» 44 5	244 65	639,0	» 44 8	286 25	646,0	» 49	318 85
Lentilles	—	97,0	» 39	37 90	239,0	» 35 6	85 30	72,0	» 33	23 75
Pommes de terre (36)	—	20358,9	» 09 3	1894 54	22897,2	» 10 6	2436 84	26709,7	» 12 4	3326 53
Racines jaunes ou pastenades	—	5777,9	» 07 2	420 34	3273,9	» 07 9	259 25	3790,4	» 09 2	354 25
Raves	—	1168,2	» 07 6	88 96	1115,0	» 07 9	88 59	2252,0	» 06 9	155 73
Navets	—	406,5	» 12	48 65	405,6	» 13	52 76	267,5	» 11	29 90
Épinards	corbeilles	489,0	1 50	636 25	4098,2	» 13	562 32	3021,2	» 11	433 42
Oseille	—	256,0	1 20	309 55	2242,3	» 10	223 65	4929,0	» 10	203 85
Blettes	—	445,0	1 68	244 50	1974,8	» 12	235 25	2445,9	» 10	242 »
Cardons	—	237,7	» 30	101 70	507,6	» 26	133 45	433,8	» 19	82 10

NATURE DES DENRÉES.		1851. QUANTITÉS	1851. PRIX moyens.	1851. SOMMES DÉPENSÉES.	1852. QUANTITÉS	1852. PRIX moyens.	1852. SOMMES DÉPENSÉES.	1853. QUANTITÉS	1853. PRIX moyens.	1853. SOMMES DÉPENSÉES.
Chicorée amère	Corbeilles	4,0	2f 26 2	9f 05	31,5	»f 16	5f 30	»	»f »	»f »
Choux	—	397,0	1 50	587 05	6122,7	» 09	552 49	6016,2	» 08	481 48
Salsifis	kil.	556,2	» 31	172 48	1207,1	» 28	343 90	844,0	» 30	255 70
Haricots verts	—	2526,1	» 18	465 38	2279,4	» 16	359 59	2516,5	» 22	567 41
Pois gourmands	—	508,5	» 30	157 85	431,1	» 28	123 20	581,1	» 38	223 53
Petits pois verts (égrenés)	—	258,2	» 40	105 36	238,1	» 41	98 71	259,0	» 42	110 93
Courge coupée	—	1043,9	» 05	54 04	2948,1	» 05	166 32	1895,5	» 06	115 »
Choux-fleurs	—	54,4	» 25	13 57	58,5	» 33	19 75	112,0	» 34	38 80
Asperges	paquets	26,0	» 60	15 60	8,0	» 60	4 80	25	» 76	19 »
Artichauts	unités.	108,0	» 04 2	4 50	160,0	» 04 4	7 07	14	» 14	2 »
Petites raves	paquets	177,0	» 06	12 44	342,0	» 06	21 20	342	» 06	20 55
Salades	corbeilles	372,0	» 73	271 50	462,0	» 90	419 40	597	» 76	459 30
Herbes assorties	—	90,0	» 25	22 60	68,0	» 42	28 85	87	» 42	37 30
Oignons	chaînes	566,0	» 23	152 90	1506,0	» 15	225 27	1293	» 15	200 30
Aulx	—	42,0	» 24	10 30	81,0	» 23	19 27	44	» 30	13 20
Porreaux	paquets	4500,0	» 02	90 »	3402,0	» 03	119 87	2906	» 02 2	85 30
Cornichons	kil.	7,0	» 50	3 50	8,0	» 40	3 90	18,5	» 47	8 70
Vinaigre blanc	litres.	832,0	» 24	202 »	1188,0	» 29	347 40	1250	» 35	448 35
Sel de cuisine et de table	kil.	2772,0	» 16	447 55	3460,0	» 16	557 30	4579,0	» 47	778 23
Poivre	—	46,5	1 78	83 05	67,3	1 83	112 75	65,0	1 60	105 »
Moutarde	—	57,0	1 21	69 40	118,0	1 19	140 70	138,0	1 24	172 45
TOTAL pour l'année 1851...				20700 26	Pour 1852...		26465 15	Pour 1853...		34652 03
DESSERT.										
Fromage de Gruyère	kil.	732,1	1 03	755 27	789,9	1 18	954 74	513,9	1 31	673 55
Fromage bleu (de Sassenage)	—	64,5	1 30	80 02	249,4	1 22	314 47	296,0	1 34	399 24
Tommes sèches (Voiron)	unités.	2202,0	» 10	233 47	2111,0	» 10	220 14	1808,0	» 14	206 59
Tommes fraîches (Jarrie, Brié)	—	3933,0	» 07	274 20	9029,0	» 07	663 30	13161,0	» 07 5	984 35
Fromage de Giène	kil.	»	» »	» »	6,3	» 37	2 32	»	» »	» »
Fromageons d'Aost	—	42,5	» 60	25 50	45,4	» 50	22 20	»	» »	» »
Fromageons de St-Marcellin	—	»	» »	» »	10,9	1 10	12 71	»	» »	» »
Mont d'Or, de Lyon	unités.	»	» »	» »	12,0	» 27	3 25	1014,0	» 27	274 57
Pêches	—	3072,0	» 01 4	46 70	3648,0	» 01 7	62 45	1602,0	» 01	18 35
Pommes	—	23443,0	» 01 7	412 19	17058,0	» 01 6	259 58	17933,0	» 01 4	248 34
Poires crues	—	24343,0	» 01 1	273 73	14967,0	» 01 1	175 77	17219,0	» 04	175 05
Poires cuites	—	12132,0	» 01 6	201 14	21298,0	» 01 8	338 82	11390,0	» 01 9	154 82
Prunes	—	5204,0	» 00 6	33 22	6468,0	» 00 5	36 10	7314,0	» 00 4	35 05

NATURE DES DENRÉES.	1851 QUANTITÉS	1851 PRIX moyens.	1851 SOMMES DÉPENSÉES.	1852 QUANTITÉS	1852 PRIX moyens.	1852 SOMMES DÉPENSÉES.	1853 QUANTITÉS	1853 PRIX moyens.	1853 SOMMES DÉPENSÉES.
Abricots.............. Unités.	1080,0	» ᶠ01 2	13ᶠ45	3660,0	» ᶠ01	36ᶠ75	1356,0	» ᶠ01 2	16ᶠ20
Cerises.............. kil.	365,8	» 22	83 30	407,0	» 23	93 72	534,5	» 20	107 82
Fraises............. paniers	185,0	1 60	298 85	92,0	1 28	119 20	128;0	1 40	179 80
Figues.............. kil.	326,8	» 52 4	471 50	364,3	» 74 8	272 55	249,4	» 64	139 42
Pruneaux............. —	930,2	» 65 5	609 58	448,0	» 62 5	280 37	412,9	» 72 2	298 19
Poires sèches......... —	155,0	» 40	62 »	130,5	» 55	72 90	21,4	» 39	8 40
Amandes .... —	»	» »	» »	178,0	» 92	166 50	243,5	1 15	247 05
Noix................. —	498,5	» 35	178 25	259,0	» 35	90 35	184,6	» 49	90 42
Noisettes .... —	»	» »	» »	2,5	» 40	1 »	»	» »	» »
Melons.............. unités.	90,0	» 56 6	50 95	35.0	» 58	20 35	135,0	» 60	82 65
Confitures de pays.... kil.	65,1	» 70	45 55	111,9	» 69	78 33	25,5	» 69	17 75
Raisins frais........... —	526,0	» 19	104 20	475,5	» 21	102 »	26,8	1 05	38 57
Raisins secs........... —	35,5	» 85	30 30	10,0	1 20	12 »	26,8	1 05	28 15
Biscotins .... —	43,4	2 64	114 70	32,1	2 63	84 40	24,9	2 76	68 95
Sucre pilé........... —	112,6	1 66	187 15	32,0	1 60	51 50	44,0	1 60	70 40
TOTAL pour l'année 1851...... / Pour 1852... / Pour 1853...			4285 22			4547 74			4563 65
COMBUSTIBLES.									
Charbon anthracite..... kil.	83653,0	» 02 1	1743 74	84685,0	» 02 1	1777 88	95290,0	» 02 1	1976 37
Bois .... stères.	95,0	7 67	730 55	68,0	7 47	508 »	74,0	7 15	529 60
Allumettes........... paquets	170,0	» 04 1	7 »	145,0	» 03 5	5 10	160,0	» 03 6	5 60
Copeaux et chenevottes.. paq. corb.	178,0	» 26 4	47 »	235,0	» 12	28 90	500,0	» 05 4	27 25
TOTAL pour l'année 1851...... / Pour 1852... / Pour 1853...			2328 29			2319 88			2538 82
ÉCLAIRAGE.									
Gaz, Cⁱᵉ Grenobloise ... mètres.	51,0	» 50	25 50	1043,0	» 50	521 50	943,0	» 50	471 50
Huile à quinquet...... kil.	359,02	1 07 6	386 55	27,0	» 90	24 40	34,9	1 08	36 95
Chandelles et bougies.. —	63,0	1 32	83 57	10,7	1 86	19 98	4,03	2 77	11 95
Mèches et verres....... unités.	93,0	» »	20 75	»	» »	2 25	»	» »	4 »
TOTAL pour l'année 1851...... / Pour 1852... / Pour 1853...			516 37			568 13			524 40
BLANCHISSAGE.									
Tabliers blancs........ unités.	2153,0	» 05	108 55	2508,0	» 04	122 95	2488,0	» 03 9	94 83
Tabliers bleus........ —	245,0	» 05	12 25	705,0	» 04	35 25	998,0	» 03 9	38 04
Essuie-mains .... —	422,0	» 05	21 10	405,0	» 05	20 25	467,0	» 10	46 50
Torchons .... —	2814,0	» 04 9	139 70	2586,0	» 04 2	131 80	4046,0	» 03 7	152 35
TOTAL pour l'année 1851...... / Pour 1852... / Pour 1853...			281 60			310 25			304 69

NOTES.

—

(1) *Page* 19.
Patriote des Alpes du 11 octobre 1849.

(2) *Page* 20.
La Société alimentaire de Genève a fini par s'éteindre. Celle de Grenoble, organisée d'une manière plus ample, plus large, plus complète, est parvenue à un degré de développement et de succès qui est le gage certain de sa durée. Elle est désormais le vrai type, le vrai modèle. La ville de Grenoble n'a pas seulement copié, elle a créé.

(3) *Page* 20.
Cette commission était composée de **M.** le maire et de **MM.** Arnaud (Joseph), Michal-Ladichère et Sestier.

(4) *Page* 21.
Il existe à Grenoble, dont la population officielle est de 26,852 hab., trente-deux sociétés de bienfaisance mutuelle, dont l'établissement est venu apporter parmi les classes laborieuses, en même temps que le bien-être, la moralisation et l'habitude de la prévoyance, de l'économie et de la charité fraternelle. L'origine de ces sociétés remonte, pour la première, à l'année 1803. Le tableau suivant donnera une idée de l'importance acquise à Grenoble par ces précieuses institutions :

N° d'ordre	ANNÉE de la FONDATION	DÉSIGNATION DE LA SOCIÉTÉ.	NOMBRE de membres	
			actifs.	hono-raires.
1	1803	HOMMES. Gantiers	686	105
2	1804	— Cordonniers................	222	40
3	1804	— Peigneurs de chanvre.......	200	44
4	1806	— (Maçons, tailleurs de pierres, charpentiers, plâtriers et peintres.................	171	56
5	1807	— (Chamoiseurs, mégissiers, tanneurs et corroyeurs........	121	15
6	1808	— (Tisserands, drapiers, passementiers, tapissiers et teinturiers................	115	21
7	1808	— (Menuisiers, serruriers, tourneurs et tonneliers.	125	28
8	1818	— Arts et métiers.............	302	75
9	1821	— Enclume et marteau.........	169	98
10	1822	— Boulangers.................	86	13
11	1822	FEMMES.. 1er Bureau................	263	24
12	1822	— 2e Bureau..................	313	12
13	1822	— 3e Bureau.................	239	24
14	1824	HOMMES. (Bouchers, pâtissiers, rôtisseurs, cuisiniers, limonadiers et confiseurs........	78	19
15	1826	— (Tailleurs et marchands drapiers.................	126	30
16	1828	— Le Pacte de famille.........	100	»
17	1839	— Agriculteurs		
18	1842	— Le Soleil.................	188	23
19	1842	FEMMES.. 4e Bureau.................	93	10
20	1842	— 5e Bureau.................	183	12
21	1842	— 6e Bureau.................	107	16
22	1842	HOMMES. La Concorde...........	257	57
23	1842	FEMMES. 7e Bureau..............	108	2
24	1844	— 8e Bureau.................	334	22
25	1844	— 9e Bureau.................	110	7
26	1849	— 10e Bureau (Pacte maternel)..	295	22
27	1849	HOMMES. La Fraternelle	502	65
28	1849	FEMMES. 11e Bureau (se réorganise)...		
29	1850	— 12e Bureau.................	139	4
30	1850	— 13e Bureau.....	185	4
31	1852	— 14e Bureau.................	102	4
32	1852	— 15e Bureau.................	208	25
33		— 16e (en formation)..........		
		TOTAL.... { Hommes, 3,448 / Femmes, 2,679 } ...	6127	877

(5) *Page* 22.

Voici les noms des membres du comité :

MM. BARAULT, conseiller municipal. — BARAULT, rentier, commissaire général du 11e bureau. — **Blandin**, ingénieur civil. — **Bouvier**, conseiller municipal. — **Buisson**, épicier. — **Caillet**, peintre. — **Dherbet**, traiteur. — **Durand** (Balthazard), droguiste. — **Ferlin**, avocat. — **Gaillard**, boulanger, commissaire général du 10e bureau de bienfaisance mutuelle. — **Genève**, commissaire général du 7e bureau. — **Girard**, conseiller municipal. — **Hauquelin**, directeur de l'école professionnelle. — **Jacquemont**, rentier. — **Jourdan**, commissaire général du 12e bureau. — **Maisonville** père, imprimeur. — **Michallet**, menuisier. — **Michal-Ladichère**, conseiller municipal. — **Michaud**, médecin. — **Molliet**, limonadier. — **Monnet**, traiteur. — **Navizet**, conseiller municipal. — **Neufville**, capitaine en retraite. — **Nicollet**, typographe. — **Peillon**, boucher. — **Penet** (Louis) fils, négociant. — **Poncet**, ancien commissaire général. — **Poussielgue**, rentier. — **Rey**, ancien conseiller de préfecture. — **Ruhétard**, limonadier. — **Saulce**, épicier.

(6) *Page 28.*
Patriote des Alpes du 12 février 1851.

(7) *Page 33.*
M. de Boisdenemets, lieutenant au 52e de ligne, actuellement en garnison à Grenoble, en voyant fonctionner notre association alimentaire, a eu la généreuse pensée de publier à Dôle, pour ses concitoyens, une brochure dans laquelle il a très-habilement groupé les diverses notes ou publications et les documents relatifs à l'établissement de notre ville; et cela dans le but d'aider à la propagation d'une institution aussi philanthropique.

(8) *Page 35.*
Les ouvriers ont choisi parmi eux dix membres commissaires chargés de l'acquisition des fournitures; le directeur de l'usine est président. — Chaque semaine, deux des commissaires sont délégués pour le service des aliments. Tous les samedis, on fait le compte de chaque ouvrier, et on retient sur les salaires le montant des dépenses d'alimentation et de logement, s'il y a lieu, car personne n'est obligé de s'approvisionner dans l'établissement.

(9) *Page 36.*
Depuis que ces lignes sont écrites, j'ai appris avec une bien vive satisfaction que la croix de la légion d'honneur avait été décernée aux directeurs de l'établissement de Marquette, et était venue ainsi récompenser les efforts généreux qu'ils ont su faire pour répandre l'instruction et la moralisation parmi les ouvriers qui les entourent.

(10) *Page 37.*
M. Bérard.

(11) *Page* 39.

En 1849, le conseil municipal de Grenoble fonda une *Société de Patronage* destinée à venir en aide à des enfants indigents de la cité pour l'apprentissage de professions diverses. Voici quelques renseignements sur cette Société, extraits de ses statuts mêmes:

« ART. 3. Les souscripteurs à la *Société de placement et de patronage des apprentis indigents* désignent en assemblée générale et au scrutin une commission administrative et exécutive. Cette commission sera composée de douze membres; le maire de la ville en est le président de droit; deux membres du conseil municipal, désignés par ce conseil, en feront en outre nécessairement partie; elle nommera ensuite deux vice-présidents, un secrétaire et un trésorier. Elle pourra choisir en dehors de son sein un employé qui tiendra les écritures et dont elle fixera le salaire.

« ART. 6. La commission aura pour mandat de placer chez des industriels de la ville de Grenoble ou chez des agriculteurs des environs des apprentis indigents de l'un ou de l'autre sexe choisis parmi ceux qui lui auront adressé des demandes, d'arrêter les conditions du placement et de l'apprentissage et d'affecter à chaque apprenti, sur les fonds de la Société, un secours dont elle déterminera la quotité et la forme.

« ART. 7. La commission désignera à chaque apprenti ou apprentie, parmi les membres de la Société, un patron ou une dame patronnesse, qui aura pour devoir de se mettre en rapport avec l'apprenti, de s'enquérir de sa conduite, de son travail, de ses progrès, de lui adresser fréquemment des encouragements ou des remontrances, et, en outre, de surveiller les relations du maître avec l'apprenti.

« ART. 8. Tous les mois, chaque patron enverra au président de la commission un rapport écrit renfermant sur le patroné les divers renseignements nécessaires pour le faire apprécier.

« ART. 9. Tous les six mois, les souscripteurs seront convoqués en assemblée générale. Le président exposera l'état moral de l'institution; le trésorier rendra compte de sa situation financière. Les noms des apprentis qui se seront signalés par leur sagesse et leurs succès seront proclamés dans cette assemblée et inscrits au procès-verbal, à titre de mention honorable.

« ART. 10. Dès que les finances de la Société le permettront, il sera décerné chaque année, dans la dernière assemblée générale, des prix à un certain nombre d'apprentis qui se seront rendus plus particulièrement dignes de cette distinction. Ces prix consisteront en outils de travail, ou autres objets que déterminera la commission. »

EXTRAITS

Du Compte-rendu publié par la Société à la fin de décembre 1853.

Somme de rentes sur l'État provenant de différents dons faits à la Société de Patronage, au 15 janvier 1854............. 277 fr.

Résultats obtenus à la même époque depuis la fondation :

La Société a formé 120 ouvriers ou ouvrières répartis entre vingt-sept professions différentes, et qui ont coûté en totalité, frais d'administration compris, savoir :

En 1850....	1,000	» c.
1851....	3,008	06
1852....	3,379	95
1853....	4,931	25
Dépenses votées pour 1854....	2,327	»

TOTAL GÉNÉRAL dépensé ou à dépenser encore...... 14,646 f. 26 c.

Ce qui donne une moyenne de 122 fr. par apprenti.

A la fin de 1853, 72 demandes nouvelles étaient inscrites sur les registres, attendant que le Comité pût les satisfaire.

Pour compléter ces renseignements, je crois devoir citer l'*instruction* insérée en tête du livret remis à chaque patron.

« Les *Patrons* ne doivent jamais perdre de vue que si, dans leurs fonctions, ils exercent l'autorité du père de famille, ils ont aussi à en remplir les devoirs. Ils devront donc s'entendre avec les parents de l'apprenti, afin d'assurer le succès de la mission qui leur est confiée.

« Par le fait de leur acceptation, ils s'engagent d'une manière spéciale :

« A faire une visite hebdomadaire au maître de l'apprenti ;

« A avoir des relations fréquentes avec ce dernier et à étudier ses besoins ;

« A prendre chaque semaine des notes sur sa conduite et sur son travail ;

« A adresser au comité un bulletin mensuel ;

« A éclairer l'apprenti avant le terme de l'apprentissage sur le choix d'un atelier, et à se concerter avec sa famille pour le placer le plus convenablement possible.

« Les notes seront indiquées par des chiffres sur le livret, comme il suit :

Très-bien....	5	
Bien........	4	Les chiffres seront placés dans les colonnes disposées pour cet objet.
Passable.....	3	
Mal..........	2	
Très-mal.....	1	

« Toutes les dépenses relatives à un apprenti sont payées par le trésorier entre les mains du patron, et doivent être portées à leur date sur le livret. »

(12) *Page 43.*

Ce chiffre représente non-seulement l'équivalent des jetons vendus, mais encore la valeur de la nourriture fournie aux élèves de l'école professionnelle, associée; ainsi que la valeur des divers débris, os, eaux grasses, etc.

(13) *Page 47.*

Relativement à la valeur des jetons, quand elle a été fixée par la commission, l'association payait à Grenoble :

Le vin..... 24 f. » c. l'hectolitre.
Le pain.... » 28 le kilo.
La viande.. » 80 —

Pour arriver à calculer le prix et le volume des portions de viande, on a pesé à deux ou trois reprises 3 ou 4 kil. de viande crue, et quand elle a été cuite, on a formé le nombre de portions nécessaires pour couvrir tous les frais.

(14) *Page 48.*

Ces coins et ces matrices sont d'autant plus dispendieux que les armes ou les légendes demandent plus de travail à la gravure. Cette dépense a été ici de 200 fr. environ.

(15) *Page 52.*

Les chiffres inscrits dans les colonnes *valeur argent* sont écrits à l'encre rouge, afin de bien différencier les colonnes.

(16) *Page 53.*

La recette des jetons est comptée après chaque repas et inscrite sur un carnet-brouillon. A la fin de la journée, ces recettes partielles additionnées forment le total qui est reporté au registre journalier dans l'ordre indiqué au modèle.

(17) *Page 57.*

La dépréciation du mobilier de la cuisine est à peu près de 18 p. °/₀ par an.

(18) *Page 57.*

Ce fourneau coûte à peu près 150 fr. d'entretien par an, et brûle 250 kil. d'anthracite par jour.

(19) *Page 60.*

La dépréciation du mobilier des réfectoires est évaluée à 5 p. °/₀ par an, et pour les toiles cirées à 50 p. ₀/°.

(20) *Page 61.*

La dépréciation de ce mobilier est évaluée à 5 p. °/₀ par an.

(21) *Page 61.*

5 p. °/₀ de dépréciation.

(22) *Page 62.*

10 p. °/₀ de dépréciation.

(23) *Page 63.*

La dépréciation du mobilier de la cave est évaluée à 5 p. °/₀ par an.

(24) *Page 64.*

15 p. °/₀ par an de dépréciation.

(25) *Page 65.*

La dépréciation de ce mobilier est évaluée à 30 p. °/₀ par an.

(26) *Page 65.*

Ne sont pas compris dans cette note les frais d'embellissement de la cour, tels que la construction d'une serre contenant plus de 300 vases à fleurs, la plantation d'arbres et d'un petit jardin entouré d'un jolie barrière; l'entourage en bois de la fontaine et les poteaux placés derrière la haie d'arbres, ayant coûté le tout environ 800 fr.

La dépréciation de ce mobilier est à peu près de 10 p. °/₀.

(27) *Page 66.*

15 p. °/₀ par an de dépréciation.

(28) *Page 68.*

56 p. °/₀ par an de dépréciation.

(29) *Page 68.*

La vaisselle a éprouvé une dépréciation de 42 p. °/₀ la première année, et au moins autant les années suivantes, par suite de la casse.

(30) *Page 68.*

Au milieu de la seconde année, on a changé ces bols en argile qui devenaient fort laids, pour des bols en porcelaine opaque, commandés exprès en fabrique, et qui ont coûté 55 cent. la pièce rendus à Grenoble.

(31) *Page 68.*

Les saladiers en argile ont été également supprimés.

(32) *Page 68.*

L'étamage des cuillers et fourchettes coûte 3 fr. 50 c. le cent, et doit se renouveler au moins tous les trois mois. Il en est de même des ustensiles de cuisine.

(33) *Page 70.*

Ce tableau comprend :

1° Les souscripteurs adhérents ou honoraires;

2° Les souscripteurs consommateurs.

Ainsi le chiffre de la première année 1851, composé de 1433 souscriptions de simple adhésion et de 730 souscriptions de consommateurs réels, bien supérieur à celui des années suivantes, s'explique par la sollicitude qui préoccupait la population de Grenoble lors de la fondation de l'Association alimentaire, alors qu'on pouvait avoir quelques craintes sur son avenir. Mais les chiffres des années 1852 et 1853 représentent en grande partie les consommateurs, qui sont principalement des ouvriers, la marche progressive de l'établissement ayant rendu moins nécessaires et par suite moins nombreuses les souscriptions d'adhésion. Ces dernières se bornent en effet aujourd'hui à celles de citoyens qui prennent chaque mois un certain nombre de jetons pour les distribuer à des familles nécessiteuses à qui ils procurent ainsi une nourriture bonne et substantielle.

(34) *Page* 71.

On remarquera que la consommation des jetons de dessert et de vin a toujours été en diminuant, tandis que celle des jetons de soupe, de légumes et de pain a toujours été en augmentant. C'est que dans le principe beaucoup de curieux venaient à l'Alimentaire, qui a fini par ne plus fonctionner que pour ceux dans l'intérêt desquels elle a été réellement fondée.

Au moment de mettre sous presse, nous relevons les résultats suivants, produits déjà cette année; c'est la comparaison du nombre de jetons vendus pendant les trois premiers mois de 1854, avec ceux des mois correspondants des premières années :

TOTAUX pour JANVIER, FÉVRIER ET MARS......	1851.	1852.	1853.	1854.
	160,867	191,145	244,529	255,000

(35) *Page* 72.

La différence progressive en moins des droits du vin provient de ce qu'ils ont été diminués par le gouvernement vers le milieu de la 2ᵉ année.

La différence du prix de transport de la deuxième année a pour cause l'achat plus considérable des vins du Midi.

(36) *Page* 74.

Le prix moyen des pommes de terre de la 3ᵉ année paraît très-élevé, moitié au moins de la quantité totale ayant été achetée toute préparée chez les revendeuses, et payée à raison de 15 c. le kilo.

A partir de la 2ᵉ année, les légumes ont été tous achetés au poids et choisis, épluchés et lavés une première fois.

LISTE

DES

MEMBRES DU COMITÉ DE SURVEILLANCE

Pour l'année 1851.

—

De service le 1er de chaque mois, MM. BADIER, chapelier; GRIVEL, greffier; ALLEGRET, chapelier.

Le 2, MM. ALGOUD, propriétaire; ROMAND, conseiller de préfecture; FARCONET, receveur de l'hospice.

Le 3, MM. DREVET, étudiant; CHARPIN, avocat; BARBE, avocat.

Le 4, MM. MENÉROUD, gantier; RICHARD, avocat; JOUVIN, avoué.

Le 5, MM. BELLY, propriétaire; BERTRAND, capitaine en retraite; MEYER, coutelier.

Le 6, MM. B. DURAND, droguiste; GIRARD, limonadier; FLEURY, négociant.

Le 7, MM. JAY (Emile), avocat; BERGE, étudiant; VIGNON, commissaire-priseur.

Le 8, MM. COCAT, rentier; BARAULT, rentier; DHERBET, traiteur.

Le 9, MM. BUISSON, épicier; PATRE, charcutier; MOREL, balancier.

Le 10, MM. SEYMAT, capitaine en retraite; CARRON, fabricant de pâtes; DÉTROYAT, fabricant d'huile.

Le 11, MM. THEVENET, négociant; CHARANSOL, conseiller à la Cour; PEYRE, négociant.

Le 12, MM. BIGILLION, avocat; BIGOURDAT, négociant; DUPÉROU, avocat.

Le 13, MM. GOITRE, peintre; CADIT, relieur; ABONNIN, carrossier.

Le 14, MM. Aubaud, greffier; Crépu, ex-représentant; Ravanat, peintre.

Le 15, MM. Genève, dentiste; Gaillard, limonadier; Poncet, commissaire général d'une société de bienfaisance.

Le 16, MM. Menon, rentier; Maigné, propriétaire; Soullié, capitaine en retraite.

Le 17, MM. Chantre, commissionnaire; Tartavel, clerc de notaire; Chabert, ébéniste.

Le 18, MM. Leborgne, négociant; Neyroud, propriétaire; Laborne, ex-secrétaire général de la Mairie.

Le 19, MM. Jacquemond, rentier; Héraud, épicier; Ollivier-Pallud, entrepreneur.

Le 20, MM. Calvat, gantier; Martin, rentier; Bernard, chapelier.

Le 21, MM. Rahoult, confiseur; Couthon, avocat; Rahoult, liquoriste.

Le 22, MM. Navizet, négociant; Hélie, propriétaire; Giroud, notaire.

Le 23, MM. Ferlin, propriétaire; Blaive, négociant; Guirimand, avoué.

Le 24, MM. Bouvier, entrepreneur; Barault, charcutier; Conord, horloger.

Le 25, MM. Serve, greffier; Mabboux, négociant; Mollard, orfèvre.

Le 26, MM. Prim, étudiant; Maisonville fils, imprimeur; Faucherand, marchand tailleur.

Le 27, MM. Sibut, rentier; Sappey, rentier; Allouard, marchand de vin.

Le 28, MM. Faure, rentier; Michallet, négociant; Vagnon, gérant du *Vœu national*.

Le 29, MM. Renaud, ex-représentant; Labaume, négociant; Viossat, chaudronnier.

Le 30, MM. Trivel, peintre de voitures; Labully, vitrier; Micoud, chaudronnier.

Le 31, MM. Sulpice, propriétaire; Belthlé, ancien chirurgien-major; Hausser, capitaine en retraite.

SURVEILLANTS SUPPLÉMENTAIRES , REMPLAÇANT EN CAS
D'ABSENCE.

MM. Billaz , gantier ; Wable , agent d'assurance ; Garry,
négociant ; Perrier, tapissier ; Allard, avocat ; Giroud , chef
de bureau à la Mairie ; Dupuis , avocat ; Connerade , rentier ;
Bon, commis-négociant ; Mans , négociant en vins ; Girard,
commis-négociant: Aubin , employé à la Mairie ; Douron,
rentier ; Lantelme, employé à la Mairie ; Leborgne fils,
négociant ; Blusset, gantier ; Chevallier, rentier ; Ruhétard,
limonadier ; Renaud, cordonnier ; Thevenet fils, négociant ;
Duranton, marbrier ; Chavin , horloger ; Paillot , légiste ;
Cochet, ébéniste ; Échevin, huissier ; Audier, avocat ; Vallet,
menuisier.

TABLE.

—

Pages.

Extrait du registre des délibérations de la commission administrative, décidant la publication de documents concernant la fondation, l'organisation et les résultats de l'Association alimentaire 3

Adresse pour la correspondance. 4

Statuts fondamentaux de l'Association. 5

Règlement de l'association 10

Rapport de M. C. Blandin à la Société de statistique de l'Isère. 18

    Contenant :

    1° L'origine de l'Association alimentaire. 19

    2° La délibération du Conseil municipal de Grenoble fondant l'association comme *institution municipale*. 21

    3° Le compte-rendu du banquet d'inauguration 23

    Et le discours prononcé par M. Taulier, maire de la ville, indiquant les espérances conçues lors de la création de l'association 25

    4° La lettre d'un ouvrier répondant aux craintes suggérées par la fondation de l'établissement. 28

    5° Quelques détails sur la pension alimentaire existant dans l'établissement de MM. Scrive frères, filateurs à Marquette (près Lille). 35

    6° Le compte-rendu des opérations de l'Association, fin décembre 1853, et allocution de M. Taulier, ancien maire, indiquant les résultats obtenus, la réalisation des espérances conçues lors de la fondation, les espérances nouvelles. 37

    7° Le mode adopté par l'assemblée des commissaires de surveillance pour l'emploi des économies réalisées 39

    8° Les détails pratiques nécessaires pour la création d'une association alimentaire 46

    Tels que :

        La forme et le module des jetons . . . . planche 1

Pages.

Le plan de l'établissement de Grenoble . . . . . planche 2
Le projet d'un établissement neuf, d'après les données de
   l'expérience faite à Grenoble . . . . planche 3
Le mode de détermination des rations 47
Les meubles spéciaux au service des jetons. 48
Le mode de comptabilité, comprenant :
   Le registre de l'économe (avec modèle) . . . . 48 et 51
   Le registre du trésorier (avec modèle). . . . . 49 et 52
   Le registre de l'agent comptable (avec modèle) 49 et 52
   Le grand-livre tenu par le président 49
   Registre des rentrées de jetons (avec modèles). . . . 53
   Le modèle des lettres de convocation des commissai-
   res de surveillance 54
   Le modèle des cartes de souscription 54
   Le détail du prix payé par la ville de Grenoble pour
   l'alimentation des élèves de son école professionnelle 55
   La désignation et le traitement des employés. 56
   L'inventaire et le prix de revient détaillés du mobilier de l'établissement de Grenoble. 57
9° Le tableau statistique des professions des souscripteurs
   pendant les années 1851-52-53. 70
10° Le tableau du nombre des rations (ou jetons) consommées en 1851-52-53.. 71
11° Le tableau des denrées achetées (groupées suivant chaque nature de jetons), avec indication du prix moyen de
   chacune d'elles pendant les années 1851-52-53.. 72
12° Les notes explicatives des divers renvois indiqués dans le
   rapport. 80
   Renfermant entre autres :
   Un tableau des *Sociétés de secours mutuels* de Grenoble. 81
   Et des renseignements sur le *Patronage des apprentis*
   indigents de Grenoble 83

MÉMOIRE

ADRESSÉ A L'EMPEREUR

PAR

M. Fréd. TAULIER.

MÉMOIRE ADRESSÉ A L'EMPEREUR

Par M. Fréd. TAULIER.

A Sa Majesté

NAPOLÉON III

EMPEREUR DES FRANÇAIS.

SIRE,

Je viens porter à la connaissance de Votre Majesté un fait immense. Les riches l'admirent, la classe ouvrière le bénit. De nombreuses lettres, divers articles de journaux, de continuelles visites attestent qu'il préoccupe au plus haut point l'attention publique en France et à l'étranger. La propagation de ce fait suffirait, Sire, à la gloire de votre règne.

M. Bérard, préfet de l'Isère, et, tout récemment, M. le général Carrelet, votre envoyé extraordinaire dans ces contrées, l'ont vu fonctionner et s'en sont noblement déclarés les protecteurs. M. le général Carrelet vous remettra lui-même ce mémoire. Daignez, Sire, le lire comme on lit une œuvre sérieuse et qui se présente sous de tels patronages.

Il existe à Grenoble, Sire, une association appelée *Association alimentaire*. C'est une réunion de personnes qui font préparer leurs aliments dans une cuisine commune.

Ces aliments sont ensuite emportés à domicile ou consommés dans des réfectoires attenant à la cuisine même. Le titre de sociétaire s'acquiert au moyen d'une carte, qui, selon l'une ou l'autre hypothèse, coûte 25 c. ou 1 fr. par an.

Les aliments sont délivrés, le matin, de sept heures à neuf heures; puis de onze heures à deux heures, et, le soir, de six heures à huit heures et demie.

Le sociétaire, porteur de sa carte, se présente d'abord à un guichet situé dans la cour d'entrée de l'établissement. Là, il achète des jetons.

Il y a six espèces de jetons : *soupe*, *viande*, *légumes*, *vin*, *pain*, *dessert*. Chaque jeton porte d'un côté les armes de la ville de Grenoble avec cet exergue : *Association alimentaire*, et, de l'autre côté, le nom de la denrée qu'il représente. Les jetons sont en cuivre et varient par leur couleur et leur forme.

Le sociétaire, muni de jetons, demande les aliments qu'il veut emporter chez lui, à un guichet qui communique de la cuisine à la cour d'entrée. S'il a le droit de prendre son repas dans l'intérieur, il s'adresse à un autre guichet, placé entre la cuisine et le premier des réfectoires. Le sociétaire livre, en échange de chaque ration qu'il reçoit, le jeton correspondant.

Les rations sont ainsi composées et taxées :

1° Soupe, un litre . . . . 10 c.
2° Viande, environ 130 grammes, ou environ
200 grammes de poisson sec et cuit. 20
3° Légumes (une bonne assiettée) 10
4° Vin, un quart de litre. 07 1/2
5° Pain, 132 grammes environ. 05
6° Dessert. 10

Le sociétaire est obligé d'acheter deux jetons de vin à la fois, sauf à n'en consommer qu'un seul : il ne lui est pas permis d'en consommer plus de deux par repas. Beaucoup de sociétaires consomment deux jetons de pain.

Nulle soupe de ménage ne vaut la soupe de l'Association alimentaire ; le pain, la viande, fournis par un boulanger et plusieurs bouchers avec lesquels des marchés ont été passés, sont de première qualité. Les légumes, apportés chaque matin ou achetés par grosses provisions, selon l'espèce, sont parfaitement choisis; le vin est bon, entièrement pur, toujours acheté longtemps d'avance. Les desserts se composent de portions de fromage, de fruits très-variés, cuits ou crus, entiers ou fractionnés, selon l'espèce. Parmi les fruits figurent les oranges, les melons, les fraises, et celles-ci sont assaisonnées avec du sucre.

Tous les mets, Sire, sont préparés et servis avec une propreté extrême.

Les convives de l'intérieur apportent eux-mêmes leurs rations sur la table où ils veulent se placer. Là ils trouvent assiettes, cuiller, fourchette, couteau, verre, carafe, sel, poivre, vinaigre et moutarde.

Les assiettes sont en porcelaine opaque ; les cuillers et les fourchettes sont en fer battu et étamé.

A l'entrée de l'établissement est un tableau qui fait connaître les mets préparés pour chaque repas.

De sept heures à neuf heures du matin, on ne délivre que du pain, du vin, de la soupe et des desserts.

Il y a deux réfectoires : l'un, exclusivement réservé aux femmes qui veulent être seules, ou aux familles, a sept mètres de long sur six de large; l'autre, où les convives peuvent se mêler indistinctement, se compose de deux pièces communiquant entre elles par un grand arc. L'une a seize mètres sur six, la seconde a neuf mètres sur cinq. Les plafonds ont partout plus de quatre mètres d'élévation; l'air et la lumière pénètrent avec abondance par de nombreuses fenêtres donnant sur la cour d'entrée. Cette cour est, à proprement parler, un gracieux jardin. Pendant la belle saison , des pots de fleurs sont constamment placés sur les fenêtres.

L'Association est administrée par une commission de quinze membres nommés en assemblée générale.

Il y a en outre un comité de cent membres choisis par la commission. Tous les jours trois membres de ce comité sont de service dans l'établissement; l'un reçoit les jetons au guichet intérieur, l'autre les reçoit au guichet extérieur ; tous les deux surveillent en même temps la distribution. Le troisième parcourt les réfectoires.

Le personnel salarié est ainsi constitué :

Un commissaire ou directeur général,
trésorier . . . . 100 fr. par mois.
    Un économe . . . . 60 —
    Un agent comptable. . . . . 55 —
    Un cuisinier en chef. . . . . 50 —
    Un deuxième cuisinier . . . . 45 —
Divers employés subalternes de 15 à 25 fr.

A ces frais généraux il faut principalement ajouter le loyer, l'éclairage, qui est au gaz, le chauffage et la nourriture des employés salariés, autres que le commissaire-directeur.

Chaque soir, les commissaires de service comptent les jetons jetés pendant le jour dans des boîtes à six compartiments. Les commissaires et l'économe mentionnent sur un livre spécial le nombre des jetons de chaque espèce qu'ils ont trouvés. Ces jetons, placés ensuite par nombres de cinquante dans de petites boîtes de fer-blanc, sont remis à l'agent comptable. Le commissaire-directeur inscrit sur son livre, à la page *Entrée*, la totalité des jetons, et à la page *Sortie*, le nombre de ceux qui ont été livrés à l'agent comptable. L'agent comptable, à son tour, inscrit sur son livre, à la page *Entrée*, les jetons qu'il a reçus, et à la page *Sortie*, ceux qu'il a vendus. L'on connaît ainsi, jour par jour, le nombre et l'espèce des jetons, soit vendus, soit consommés, et, par conséquent, la valeur en argent des uns et des autres.

A la fin de chaque mois, le président, d'après les notes que lui remet l'économe et qu'il vérifie, délivre aux fournisseurs des mandats sur le trésorier.

Enfin, des livres de comptabilité générale sont tenus par le président.

Voilà, Sire, une rapide esquisse. Ecoutez encore.

C'est un spectacle bien digne d'intérêt qu'offrent ces ouvriers, ces mères de famille, ces enfants, ces étudiants sans fortune, ces commis, ces expéditionnaires, ces vieux serviteurs de l'état aux modestes ressources, se pressant autour des guichets. Et si l'on pénètre dans l'intérieur, quel calme, quel ordre, quelle décence! Là, on voit des ecclésiastiques qui craindraient peut-être d'entrer dans un restaurant de premier ordre, debout, la tête découverte, réciter leur *benedicite* et ne recueillir que des égards et du respect. C'est que là, si chacun peut dire qu'il est chez lui, chacun sait aussi qu'il est chez ses associés. Et combien l'homme est relevé à ses propres yeux par cet échange de convenances qu'il pratique et dont il est l'objet! Quel profit pour la dignité humaine! Puis, Sire, vous l'avez compris, l'ouvrier qui, recevant son salaire de la semaine, allait le dépenser au cabaret, vient le convertir en jetons. J'ai vu des ouvriers acheter pour 25 fr. de jetons à la fois; j'ai vu des femmes mariées venir faire elles-mêmes ce salutaire approvisionnement. Comme leur visage exprimait l'air de conquête! Elles étaient tranquilles désormais. Que de bonheur dans la sécurité! Vous l'avez également prévu, Sire : à l'Association alimentaire l'on consomme tout ce que l'on prend, et l'on ne prend que les rations que l'on peut consommer. Aussi, jamais de restes. Quatre personnes mangeant ensemble peuvent y faire un excellent repas pour 40 c. par tête. Que d'économies réalisées! Et ces économies tournent ensuite, sous les formes les plus diverses, au bien-être de l'individu ou du ménage. Et le bien-être produit le contentement, et le contentement apaise cette envie instinctive qui, procédant de la souffrance, engendre le désordre dans les idées et conduit au désordre dans les faits.

En outre, Sire, la femme, libérée de plus d'un souci importun, consacre plus de temps à ses enfants, à sa maison. C'est l'émancipation de la femme, non au profit de l'oisiveté, mais au profit du travail. Et l'homme aime d'autant mieux la famille qu'elle devient ainsi plus exempte de certaines nécessités matérielles qui diminuent et qui même trop souvent proscrivent ses joies morales. Enfin, Sire, un grand nombre de personnes aisées prennent une carte de sociétaire dans le seul but d'avoir le droit d'acheter des jetons. Ces jetons sont ensuite donnés à de pauvres gens qui se présentent au guichet extérieur et qui se trouvent ainsi contraints à faire un bon usage des secours qu'ils ont reçus sous une telle forme.

Sire, j'ai vu des étrangers émus jusqu'aux larmes au milieu des réfectoires de l'Association alimentaire. C'est son plus bel éloge.

Maintenant, Sire, vous voulez savoir sans doute comment cette œuvre a été fondée. Permettez-moi donc encore quelques mots.

En 1850 j'étais maire de Grenoble. Plusieurs membres du conseil municipal avaient entendu dire qu'une association alimentaire existait à Genève. J'écrivis à l'administration municipale de cette ville. Je reçus des renseignements que je communiquai au conseil, et le 29 juillet le conseil vota la fondation d'une société alimentaire à Grenoble, conformément à l'esprit et au but indiqués dans l'exposé que, ce jour-là, j'eus l'honneur de lui lire. Mais je voulus voir. Parti pour Genève le 2 août, j'étais de retour le 12, et le 14 je lisais au conseil le compte-rendu de mon voyage. Je n'avais vu qu'un germe, l'enfance de l'idée. Le conseil avait mis gratuitement un local à la disposition de la société qu'il s'agissait de fonder. Les travaux d'appropriation à faire exécuter étaient considérables. Il fallait se hâter. Je rencontrais dans l'opinion publique le doute, l'étonnement, quelquefois l'incrédulité. La lenteur pouvait tout perdre : je ne voulus ni plan, ni devis, ni adjudication. Le conseil m'avait donné carte blanche. J'allais tous les jours sur les travaux, commandant et pressant au fur et à mesure. Je fis frapper à Grenoble même 6,000 jetons de vin ; 6,000 jetons de pain et 3,000 jetons de chaque autre espèce. Total 24,000 jetons. J'achetai à crédit le mobilier et les ustensiles nécessaires. Le 24 octobre, je convoquai à l'Hôtel de Ville les trente présidents ou présidentes de nos sociétés de bienfaisance mutuelle; je leur exposai la nature, le but de la fondation que je poursuivais. Le même jour je fis placarder sur les murs de la ville un extrait du compte-rendu de mon voyage. Aussitôt je fis porter à domicile un registre sur lequel s'inscrivaient les futurs sociétaires; le 27 novembre, le nombre des inscriptions s'élevait à 824. Ce jour-là, je convoquai tous les souscripteurs dans une grande salle. Je leur prêchai publiquement les bienfaits de l'Association alimentaire. Je répondis aux objections et donnai tous les éclaircissements demandés. Je proposai une liste de commissaires de surveillance qui fut adoptée. Elle portait des noms de citoyens des opinions les plus opposées. Je voulais faire de la philanthropie et non de la politique. Tout pour tous, par tous, avec tous, telle a toujours été ma devise, et j'ai tenu à ne jamais me faire l'homme-lige d'aucun parti. Le 4 décembre je fis adopter un règlement par les commissaires, et le bureau d'administration fut formé. Le 9 décembre je nommai les employés, dont le choix, par un sentiment plein de courtoisie, me fut pour cette première fois abandonné par le bureau. Je voulus que le cuisinier sortît d'une grande maison. Il le fallait ainsi pour la réputation de la nouvelle cuisine. Mais j'eus bien soin de prendre l'économe dans les rangs de la classe ouvrière, dont il devait connaître les mœurs et les besoins. Le 11 décembre le conseil municipal délibéra, sur ma proposition, que si la tentative échouait après un certain temps, la caisse municipale ferait face au déficit, sauf à la société à se dissoudre aussitôt, ou à fonctionner désormais à ses risques et périls. Le 5 janvier 1851 le local était prêt, et ce jour-là l'Association y fut installée dans un banquet où vinrent s'asseoir toutes les conditions sociales. Le souvenir de cette fête, Sire, sera l'éternelle consolation de ma vie. Le 26 janvier, le nombre des sociétaires s'élevait à 1,481. Pendant tout ce mois, ce fut dans les réfectoires un flot incessant de curieux. Ce flot s'apaisa peu à peu, et depuis longtemps, Sire, l'œuvre ne fonctionne plus que pour ceux dans l'intérêt desquels elle a été réellement faite.

Voici un tableau éloquent de ses progrès, Sire .

JETONS VENDUS

	en janvier		en juin	
	1851.	1853.	1851.	1853.
Pain . . .	7,183	19,479	16,401	26,984
Vin. . . .	14,676	14,966	18,540	19,352
Viande . .	9,374	9,381	11,932	11,395
Soupe. . .	5,977	16,637	12,804	25,699
Légumes .	9,075	12,310	15,411	19,041
Dessert. .	4,718	2,738	4,773	4,476

ÉCONOMIES BRUTES.

1851 , 1er semestre	6,814 f. 41 c.	}	15,237 56
— 2e —	8,423 15		
1852, 1er semestre	6,431 80	}	15,959 29
— 2e —	9,827 49		
1853 , 1er semestre.			9,117 92
		TOTAL	40,314 77

Prélèvement fait, sur ce chiffre, des frais généraux annuels, des réparations et améliorations accidentelles, du paiement du mobilier, il restait au 30 juin 1853 une somme nette de 4,024 fr. 77 cent.

Sire, dans le principe, j'ai été critiqué, attaqué, conspué. C'est du socialisme, disait-on. Je répondais : c'est de l'association. Vous ruinez le petit commerce, disait-on encore. Je répondais : je l'enrichis, en lui envoyant les économies des consommateurs. Vous détruisez l'influence de la femme, ajoutait-on. Je répondais : je l'élève et je l'agrandis. Vous gaspillez les deniers municipaux.... Je répondais : c'est un essai, j'ai foi, il réussira; la ville n'aura rien à débourser. Vous tomberez et l'œuvre tombera..... Je répondais : je tomberai, mais l'œuvre restera. Elle est restée, Sire, et grâce à vous elle deviendra universelle. Pour moi, je suis tombé. Cela devait être, car l'œuvre était grande et féconde. M. le préfet Chapuys-Montlaville ne me comprit pas. La délibération du 11 décembre lui parut surtout un fait exorbitant. La manière dont j'avais fait exécuter les travaux d'appropriation du local lui sembla une grave infraction aux règles administratives. Une lutte s'engagea...... L'orage est déjà bien loin, Sire, et l'Association alimentaire ne compte plus que quelques détracteurs attardés. Les dépenses d'appropriation du local ont été régularisées ; la ville, propriétaire, les a soldées, et l'Association lui paie un prix de location. L'Association a fait à ses propres membres un emprunt par actions de 5 fr., pour payer son mobilier. Déjà l'emprunt a été remboursé sur les économies. En définitive, le rôle de la municipalité s'est borné à un encouragement, et elle n'a pas dépensé, à titre de libéralité, un centime.

Voilà donc l'œuvre indépendante et libre, ne relevant que d'elle-même et se parant de ses impérissables bienfaits.

Il est écrit dans ses nouveaux statuts que nul associé ne peut réclamer de dividende, et que toutes les économies seront tenues en réserve pour être employées dans un but philanthropique.

M. Penet, ancien négociant, en est le président ; M. Poussielgue, propriétaire, le commissaire directeur ; M. Blandin, ingénieur civil, le secrétaire. Dès le principe, ces trois hommes et beaucoup d'autres qu'il serait trop long de nommer, lui ont rendu de très-grands services.

A vous, maintenant, Sire, à vous l'élu et l'ami du peuple, à prescrire les mesures qui doteront d'autres villes d'une institution dont la généreuse cité grenobloise est heureuse et fière d'avoir donné le premier exemple !

Je suis avec respect,

Sire,

De Votre Majesté,

Le très-humble et obéissant serviteur,

FRÉD. **TAULIER**,

Ancien Maire de Grenoble, membre du Conseil général, du Conseil académique, professeur à la Faculté de droit, avocat à la Cour impériale, auteur de la *Théorie raisonnée du Code Napoléon*, chevalier de la Légion d'Honneur. vice-président de l'*Association alimentaire*.

Grenoble, 25 septembre 1853.

GRENOBLE, IMPRIMERIE MAISONVILLE, RUE DU PALAIS.